FISCHER

David Vienna

GELASSEN BLEIBEN, BABY

Coole Tipps für ruhige Eltern

Aus dem Amerikanischen
von Johanna Wais

Mit Illustrationen
von Erica Salcedo Saiz

FISCHER

MIX
Papier aus verantwortungsvollen Quellen
FSC
www.fsc.org
FSC® C083411

Deutsche Erstausgabe

Erschienen bei FISCHER Taschenbuch,
Frankfurt am Main, November 2015

Die Originalausgabe erschien 2015 unter dem Titel
»Calm the fuck down. The only parenting technique you'll ever need«
bei Knock Knock, Venice, CA

Illustrated by Erica Salcedo Saiz

Für die deutschsprachige Ausgabe:

Satz: Fotosatz Amann, Memmingen
Druck und Bindung: CPI books GmbH, Leck
Printed in Germany
ISBN 978-3-596-03149-8

Für die vier,
von denen ich am meisten
über Erziehung gelernt habe:
Larissa, Wyatt, Boone und Dr. Cliff Huxtable –
alle wissen,
wie man das Kind schaukelt.

INHALT

KLEINKINDER

KINDERGARTENKINDER

ENTWICKLUNG

VERHALTEN

ERZIEHUNGSSTILE & -TECHNIKEN

ELTERNSCHAFT

ECHTE PROBLEME

DAS LETZTE WORT

EINLEITUNG

EINLEITUNG

Ich bin kein Erziehungsexperte … Nein, warten Sie. Ich fange noch mal von vorne an.

Hi, ich bin David. Schön, Sie kennenzulernen. Die Jacke steht Ihnen gut. Betont Ihre Augen.

Ich bin Vater von fünfjährigen Zwillingen. Wyatt und Boone. Nun, zumindest sind sie fünf, während ich dies hier schreibe. Wenn das Buch erscheint, werden sie wohl ein bisschen älter sein. Unser Haus sieht fast immer aus, als wäre ein Monstertruck hindurchgefahren, wir haben so gut wie nie Zeit, richtig zu kochen, und manchmal verliere ich in Gegenwart meiner Kinder die Beherrschung. Mit »manchmal« meine ich »nahezu täglich und sonntags zweimal«. Ich bin also so weit entfernt davon, Erziehungsexperte zu sein, wie von einem Flug in die Andromeda-Galaxie.

Die meisten Erziehungsexperten scheinen eh nicht zu wissen, wovon sie reden – mit Ausnahme des Erziehungsgurus Dr. Spock, der Eltern dazu ermutigte, auf ihr Bauchgefühl zu vertrauen, und Mr. Spock aus *Star*

Trek, der einmal sagte: »Sie wissen, Captain, ohne Fakten ist es mir unmöglich, Entscheidungen zu treffen. Sie müssen sich auf Ihre menschliche Intuition verlassen.«

Und ich fange besser gar nicht erst an von Erziehungsexperten, die keine Kinder haben. Mal ehrlich, das ist doch wie ein Fernsehkoch, der noch nie über der Spüle gebackene Bohnen aus der Dose gegessen hat. Wer nach dem Höchsten strebt, muss die Tiefen kennen.

Aus Frust über die Flut an Erziehungsratschlägen schrieb ich für mein Elternblog *The Daddy Complex* einen Post über die CTFD-Methode. CTFD steht für *Calm The F*ck Down*, also sinngemäß: Gelassen bleiben. Die Technik hilft Eltern dabei, sich weniger Gedanken zu machen, ob sie der beste Papa oder die beste Mama der Welt sind, und stattdessen einfach Eltern zu sein. Sie beruht auf der Überzeugung, dass ein entspanntes Zuhause den Kindern guttut, dass nahezu jedes Erziehungsszenario mit gesundem Menschenverstand zu bewältigen ist und dass wir alle es die ganze Zeit verbocken – und das okay so ist.

Ich kenne mich nicht besonders gut mit der Web-Analytics-Terminologie aus, aber ich glaube, der Fachbegriff für die Reaktionen auf den Post ist: mega! Menschen auf der ganzen Welt diskutierten darüber im Netz, im Fernsehen, im Radio und in den Printmedien. Sie wandten das Konzept auf andere Dinge als Erziehung an, zum Beispiel auf das Schreiben oder die Hochzeits-

CTFD
METHODE

planung. Und es gibt sogar eine psychosomatische Klinik, die nun Training in der CTFD-Methode anbietet. Ich sag's ja: total abgefahren.

Ich hätte nie damit gerechnet, dass dieser ergreifend einfache Tipp derart großen Anklang finden würde. Als Nicht-Experte, der sich durch die täglichen Herausforderungen der Elternschaft kämpft, wollte ich das Thema weiter erforschen. Und weil ich kein kompletter Hornochse bin, habe ich mir Hilfe von zwei echten Profis geholt, um nicht über einen guten Penis-Witz die Fakten zu vergessen. Cyndi Sarnoff-Ross ist approbierte Psychotherapeutin mit über zwanzig Jahren Erfahrung auf den Gebieten klinische Psychologie und Organisationsmanagement. Heather Harrison ist Vize-Direktorin für evidenzbasierte Verfahren am National Center for Child Traumatic Stress der UCLA. Und, nebenbei: Beide sind Mütter.

Auf den folgenden Seiten finden Sie Anwendungsbeispiele der CTFD-Methode aus dem Alltag für die ersten Jahre mit Ihrem Kind. Ich hoffe, dieses Buch hilft Ihnen zu verstehen, dass es besser ist, nicht unnötigen Druck zu machen, und einfach mal runterzukommen. Falls Sie anderer Meinung sind, bleiben Sie meinetwegen gestresst. Wie gesagt, ich bin kein Experte. Bisher habe ich noch nicht einmal herausgefunden, wie man das mit dem regelmäßigen Duschen macht.

Sollte diese Einleitung Sie immer noch nicht dazu gebracht haben, »Gelassen bleiben, Baby« zu lesen, kann ich wohl nichts weiter tun. Ich werde bestimmt nicht schamlos mit Ihnen flirten. Das wäre unprofessionell.

Wie auch immer, ich hoffe, Sie mögen dieses Buch. Das, was ich über Ihre Jacke gesagt habe, war übrigens kein Scherz. Sie betont wirklich Ihre Augen.

NEUGEBORENE & SÄUGLINGE

MEIN BABY KACKT NICHT

Sie beherrschen die schnelle Po-Reinigung. Von einer vollen Windel oder Dünnschiss lassen Sie sich nicht ins Bockshorn jagen. Wie ein geübter Revolverheld stellen Sie sich den ätzenden Dämpfen mit stählernem Blick und zusammengebissenen Zähnen und führen die Aufgabe präzise und mit Fingerspitzengefühl aus, während eine Menschenmenge aus Ladenbesitzern und Bürgern um Sie herumsteht und johlt. Sie sind der Wyatt Earp des Hinternabwischens.

Nur hat der Hintern Ihres süßen Kleinen anscheinend dichtgemacht. Trotz des nach wie vor gesunden Appetits Ihres Babys zeigte sich den ganzen Tag über bislang keine Kacke – gleich welcher Form, Menge oder Konsistenz. Als Sheriff dieser verschlafenen Ein-Hintern-Stadt stellen Sie fest, dass alles ruhig ist … etwas *zu* ruhig. Denn wenn das Baby seinen Darm nicht entleert, bedeutet das, dass er sich füllt. Das, was sonst in der Windel landet – und was Sie im Stillen hassten –, ver-

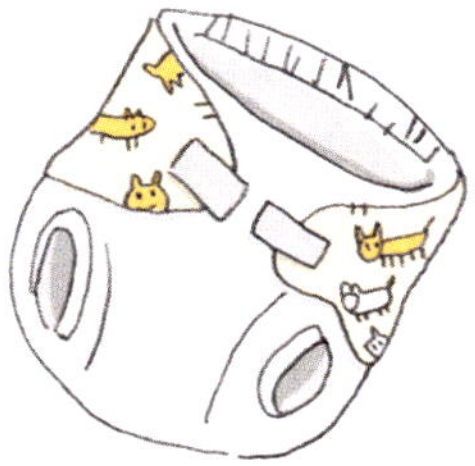

missen Sie nun wie einen alten Freund. Wenn Sie nichts tun, könnte diese Stauung denselben biologischen Schaden anrichten wie sonst nur Zugentgleisungen und Sauftouren am Vatertag.

Und Sie wissen, dass das nicht in Ordnung ist, weil das Kind normalerweise mehrmals täglich kackt. Selbst Sie tun es einmal am Tag – zweimal, nachdem Sie in einem All-You-Can-Eat-Laden waren. Sie glauben, es sei an der Zeit, die Spezialwaffe hervorzuholen. Ihr bewährtes Mittel, um jede Blockade zu sprengen, ist eine massive Haubitze, bekannt als »Klistier«.

GELASSEN BLEIBEN Ihr Baby wird nicht explodieren. Babys, die gestillt werden, können bis zu sieben Tage nicht kacken, ohne dass ein medizinisches Problem vorliegt. Die Chancen stehen also nicht schlecht, dass alles in Ordnung ist. Ziehen Sie Ihrem Baby die Windeln nicht aus und beobachten Sie, ob es angestrengt etwas herauszupressen versucht. In dem Fall könnte es sich um Verstopfung handeln. Seien Sie geduldig und bereit für eine Reinigungsaktion, die Ihren Glauben an die Biologie, die Menschheit und sogar die Schwerkraft auf die Probe stellen wird. Rufen Sie, wenn Ihr Baby vier oder fünf Tage nicht gekackt hat, zur Sicherheit den Kinderarzt an. Im schlimmsten Fall wird er Ihnen wahrscheinlich raten, es mit einem Zäpfchen zu versuchen, damit der Darm in Bewegung kommt. Und ich verschreibe Ihnen vorsorglich alles, was Sie brauchen, um die Erinnerung an das Ergebnis aus Ihrem Gedächtnis zu löschen.

MEIN BABY HAT EINEN BLOWOUT

Sie kennen die Horrorgeschichten übers Windelwechseln. Aber Sie hatten mal einen Hund mit einem empfindlichen Magen, daher fühlen Sie sich in der Lage, den einen oder anderen Windel-Blowout zu bewältigen. In der Hoffnung, jeglichem Kack-Chaos vorzubeugen, wechseln Sie die Windeln Ihres Babys beim ersten Anzeichen von Unwohlsein.

Und dann geschieht es.

Beim Windelwechseln schießt ein Strahl grünlicher Jauche heraus. Es sprudelt. Und sprudelt. Und sprudelt. Es hört einfach nicht auf.

Den Wickeltisch und Teile der Wand bedeckt ein fäkaler Jackson Pollock, und matt versuchen Sie zu begreifen, wie so viel Flüssigkeit aus Ihrem Baby herauskommen konnte. Und was ist mit der Farbe los? Diese Grünschattierung würde in kein Naturschutzgebiet passen, geschweige denn in Tröpfchenform auf den hellen Teppich im Kinderzimmer.

Das ist auf gar keinen Fall normal und kann nur eins bedeuten: Ihr Kleines hat sich irgendwo eine seltene Krankheit eingefangen, die Babyeingeweide verflüssigt und Eltern zu psychischen Wracks macht.

GELASSEN BLEIBEN Glückwunsch! Sie haben sich gerade das erste Eltern-Abzeichen verdient. Nähen Sie es an und tragen Sie es mit Stolz, denn jeder, der jemals eine Windel gewechselt hat, kennt diese faszinierende Fontäne. Die Exkremente eines Neugeborenen, in den Farben »Rentnerjackenbeige« bis »Regenbogenbunt«, sind fast immer flüssig. Das liegt daran, dass sich im Körper Ihres Babys in den ersten Monaten viel verändert. Bei ihrem ersten Stuhlgang stoßen sie tatsächlich Zellen und anderes Zeug aus, das sie noch von der Mutter haben. Später hat alles, was die Muttermilch oder der Milchersatz enthält, Einfluss auf die Konsistenz, Farbe, Häufigkeit und ... ähm ... Flugbahn der Kacke. Und ja, manchmal ist es eine unfassbare Menge. Andere Eltern können Ihre Qualen gut nachempfinden, aber was das Saubermachen angeht, sind Sie ganz auf sich allein gestellt.

MEIN BABY LÄSST SICH NICHT STILLEN

Beim Thema Stillen sind sich Ärzte und Ernährungswissenschaftler einig, dass, bis die perfekte Nahrungspille erfunden wurde, nichts über Muttermilch geht. Sie enthält alles, was das Baby zum Wachstum braucht, unter anderem weiße Blutkörperchen, die das Immunsystem aufbauen. Warum also will Ihr Baby nicht die Brust?

Sie haben sich über verschiedene Techniken informiert, sind zur Stillberatung gegangen, haben Unterricht genommen. Aber Ihr Kleines hat so viel Interesse an der Mutterbrust wie am Beruf des Vermessungsingenieurs. Versuche, Ihr Baby anzudocken, sind frustrierend fruchtlos, und wenn es doch einmal klappt, ist es auch schnell wieder vorbei. Sie erzählen Geschichten vom Stillen wie ein Sportangler, der um ein Haar eine ansehnliche Forelle am Haken gehabt hätte: »Fast hätte sie angebissen!«

GELASSEN BLEIBEN Ja, Muttermilch ist top, aber das Wichtigste ist, dass Ihr Baby Nahrung bekommt. Wenn seine Saugmuskulatur also entwickelt ist und sich herausstellt, dass es schlicht und einfach lieber aus dem Fläschchen trinkt, pumpen Sie ab oder verwenden Sie Muttermilchersatz und geben Sie ihm das. Versuchen Sie weiterhin, Ihr Baby anzulegen, aber vertrauen Sie darauf, dass es ausreichend Nahrung und emotionale Bindung erhält, wenn Sie es beim Geben der Flasche im Arm halten. Der Kinderarzt wird Sie informieren, ob Ihr Kind mehr Nahrung benötigt, und schlägt möglicherweise das Zufüttern von Muttermilchersatz vor, um die Entwicklung und die Gewichtszunahme zu fördern. Wir haben das bei einem unserer Söhne so gemacht, der als Säugling »Spargeltarzan« für eine vollkommen normale Figur hielt.

MEIN BABY HAT EINEN PLATTEN HINTERKOPF

Die Rückenlage ist die beste Schlafposition. Sagt man. Sie wissen vielleicht nicht, wer »man« ist, aber diejenigen sind durch Universitätsabschlüsse und andere beeindruckende Titel legitimiert. Sie können ihnen also vertrauen. Und wo wir gerade dabei sind, lassen Sie sich nicht von meinem Doktor in Religionswissenschaft von der Universal Life Church einschüchtern. Den können Sie auch erlangen. Dazu braucht es nur Entschlossenheit, eine Internetverbindung, vierzig Dollar und eine Flasche kalifornischen Pinot Noir. Aber zurück zum Thema.

Da das Schlafen auf dem Rücken bekanntermaßen die Wahrscheinlichkeit des plötzlichen Kindstodes verringert, achten Sie darauf, dass Ihr Baby nachts immer auf dem Rücken liegt, mit dem Gesicht nach oben. Vielleicht gehen Sie sogar in den seltenen Phasen echten Schlafs sicher und schauen nach, ob es nicht auf die Seite gerollt ist. Sie probieren zusätzlich diese kleinen Schaumstoffblöcke aus, die es vom Herumrollen abhalten sollen, stellen aber fest, dass sie eher als Rollhilfe dienen denn als Hindernis.

Dank Ihrer Wachsamkeit hat Ihr Baby niemals in

einer anderen Position geschlafen als auf dem Rücken. Und nun sieht sein Kopf aus wie eine Bratpfanne.

Durch das ständige Schlafen in derselben Position ist sein weicher Schädel wie Knete platt gedrückt worden. Sie haben das weltweit einzigartige zweidimensionale Baby erschaffen. Bei der Leichtathletik wird es einen klaren aerodynamischen Nachteil haben. Dafür lassen sich seine Haare schneller schneiden.

GELASSEN BLEIBEN Dieses »Plagiozephalie« genannte Syndrom kommt nicht selten vor und wächst sich in der Regel mit der Zeit von selbst aus. Falls das auch nach sechs Monaten noch nicht geschehen ist, kann der Arzt eine »Helmbehandlung« verordnen, bei der der Kopf mit Hilfe einer futuristischen Kopfbedeckung umgeformt wird. In diesem Fall dürfen Sie behaupten, Ihr Baby sei Astronaut.

Außerdem können Sie, sobald Ihr Kleines außerhalb der Gefahrenzone für plötzlichen Kindstod ist (mit etwa zwölf Monaten oder früher, wenn der Arzt es sagt), seine Schlafpositionen wechseln, um auf diese Weise die Kopfform anzupassen. Da Babys zu dem Zeitpunkt aber meistens schon gelernt haben, sich selbständig umzudrehen, erweist sich dieser Versuch möglicherweise als sinnlos. Ach ja, und was ist nun mit den

Schaumstoffblöcken? Sie werden ohnehin nicht empfohlen. Und bevor Sie auf die Idee kommen: Die Experten sprechen sich einhellig gegen die Verwendung von Klebeband aus.

MEIN BABY HAT ETWAS VOM FUSSBODEN GEGESSEN

Sie sind in der Küche und schneiden Zucchini, stolz, dass Sie Ihr Leben nun so weit im Griff haben, dass Sie tatsächlich einmal ein richtiges Abendessen kochen können. Ihr Baby erforscht glucksend das Kachelmuster des Linoleumbodens. Dieses Bild eines glücklichen Zuhauses mit einem glücklichen Baby entstand damals vor Ihrem inneren Auge, als Sie das erste Mal darüber nachdachten, eine Familie zu gründen. Sie drehen sich um, wollen einen Blick mit Ihrem Kind wechseln, um diesen Augenblick in Ihrem Gedächtnis abzuspeichern. Das Kleine wird sich später nicht daran erinnern, aber Sie wissen, dass es irgendeinen positiven Effekt auf seine Entwicklung hat.

Als Sie sich umdrehen, stopft es sich gerade ein Knäuel Hundehaare in den Mund.

Wenn Sie Ihre fünf Sinne beieinander haben (was nicht der Fall sein wird), legen Sie das Messer weg, bevor Sie zu ihm rennen, es hochreißen und ihm die Finger in den Mund stecken, um die Reste von Rex' grauem Fell herauszukratzen. Das Schlimme: Rex' Fell ist weiß. Das Haarknäuel ist von all dem Dreck, den Krümeln und, ja, Hausstaubmilben, die sich in Ecken und Ritzen gesammelt haben, grau geworden. Und plötzlich gleicht die zauberhafte Vision von vorhin eher einem japanischen Horrorfilm.

Während Ihr Baby schreit und Sie ihm die Zunge mit den Fingern freikratzen, rattern Ihnen all die schrecklichen Dinge durch den Kopf, die es bekommen könnte, weil es schmutziges Hundefell verschluckt hat: Erkältung, Grippe, Halsentzündung, Herzwurm, Kolibakterien, Tollwut. Und Sie fragen sich, wer es Ihnen verübeln könnte, wenn Sie Ihren Hund einer Komplettrasur unterziehen.

GELASSEN BLEIBEN Hundehaare sind nicht nur nicht giftig, sondern essbar. Aber nur so, wie Fahrräder essbar sind, also im biologisch-theoretischen Sinn. Sie sollten nicht auf die Idee kommen, bei einer Party Australian-Shepherd-Fellauflauf aufzutischen. Beobachten Sie, ob Ihr Baby Krankheitssymptome wie Übelkeit oder Fieber zeigt, aber wahrscheinlich hat es eher einen Schock von Ihrer Reaktion statt von dem haarigen Appetithappen. Und darüber hinaus kann es sogar die Neigung zu Allergien und Asthma reduzieren, wenn Ihr Baby mit Dreck, Fell und anderem Zeug in Berührung kommt. Also warum dann nicht das vom braven, alten Rex?

Eine meiner ersten Erinnerungen ist übrigens, dass ich unsere Old-English-Sheepdog-Hündin beiseite schubste, um ihr Futter aus dem Napf zu essen. Wenn man davon absieht, dass ich gern Tennisbällen nachjage und den Postboten anblaffe, ist mit mir heute alles in Ordnung.

Z Z Z

ICH BIN UNFASSBAR MÜDE

Als das erste Kind unterwegs war, scherzten alle, »Schlaf jetzt noch so viel du kannst«, als könnten Sie Schlaf ansparen wie Geld. Sie wussten, es würde eine Herausforderung werden und Sie würden müde sein, aber Sie waren bereit. Außerdem haben Sie während Ihres Studiums genügend Nächte durchgemacht. Doch inzwischen wissen Sie, dass auch noch so viel Schlaf vor der Ankunft des Babys danach nichts genutzt hätte. Nach vier Monaten ohne eine echte Pause würden Sie am liebsten jeden aufspüren, der diesen Scherz gemacht hat, und ihm kräftig auf die Füße treten. Aber selbst, wenn Sie diese Leute finden würden – Sie wären zu müde, um das zu tun.

Schlaf bekommen Sie nur in Einheiten von zwei oder drei Stunden, da Ihr Baby acht- bis zwölfmal täglich gefüttert werden muss. Und selbst diese Einheiten gibt es nur, wenn Sie sofort einschlafen und nicht wach daliegen und über die ganze Arbeit und all die Dinge nachdenken, die Sie tun müssen – einen Babysitter organisieren, die Rechnungen bezahlen, Essen kochen, geschlagene zehn Minuten hysterisch die Wand anlachen. »Schlafen, wenn das Baby schläft«, ist eines dieser

Dinge, die es nur in der Theorie gibt, ähnlich wie Zeitreisen und im Restaurant nicht alles aufessen, um es sich einpacken zu lassen und mit nach Hause zu nehmen. Und das ist noch nicht einmal das Schlimmste.

Dieser Schlafentzug macht Sie völlig kirre. Ja, Sie werden im klinischen Sinne verrückt. Und das nicht nur einmal. Manchmal eine ganze Woche am Stück. Nicht umsonst wurde Schlafentzug in Guantanamo als Foltertechnik angewandt. In diesen Zeiten bekommt Ihre geistige Gesundheit spürbar einen Knacks und rationale Gedanken kennen Sie nur noch als verschwommene Erinnerung. Sie tun, sagen und denken schreckliche Dinge, die Ihnen, wenn Sie es sich genau überlegen, das Blut in den Adern gefrieren lassen – wie sich manisch die Augenbrauen zu zwirbeln oder für die Freuden von Klezmer-Discomusik zu werben –, und Sie zweifeln, ob Sie überhaupt jemals die Eigenschaften eines vernünftigen menschlichen Wesens besaßen.

GELASSEN BLEIBEN Mit der Zeit werden Sie wieder eine gemeinhin als normal betrachtete Menge Schlaf bekommen. (Beim ersten Mal, wenn das geschieht, werden Sie sich so euphorisch fühlen, als hätten Sie auf einem Einhorn reitend einen Teller voller Marihuana-Brownies gegessen.) Sie werden auch beginnen, Dinge wahrzunehmen wie das Lächeln Ihres Babys oder den Ausdruck von Wiedererkennen auf seinem Gesicht, wenn Sie den Raum betreten. Das, Herrschaften, ist ziemlich obergeil, und damit beginnt der Marathon der Meilensteine mit folgenden Stationen: selbständig auf die Seite drehen, feste Nahrung, Krabbeln, erste Worte, stehen, laufen, Umarmungen, zeichnen und vielleicht irgendwann eine Garagenband.

Und was die Eltern von »Traumbabys« – Hosenscheißern, die vom ersten Tag an durchschlafen und auch noch problemlos ihr Mittagsschläfchen machen – angeht: Wenn Sie so jemanden treffen, treten Sie ihm ruhig gegen sein Schienbein. Das ist eine kleine Entschädigung des Universums für Eltern mit Schlafentzug.

NIEMAND VERSTEHT, WIE GESTRESST ICH BIN

Die Großtante Ihres Mannes kommt vorbei, um das Baby zu sehen. Während ihres Besuchs erwähnen Sie, wie lange es her ist, dass Sie echten Urlaub hatten. Sie winkt ab und wischt ihre Klage mit den Worten weg: »Oh, du bist die ganze Zeit mit diesem Engelchen zu Hause. Da ist doch jeder Tag wie Urlaub.« Und in diesem Augenblick sind Sie kurz davor, einer netten alten Dame an die Gurgel zu gehen.

Sie würden sie gerne fragen, ob eine bekloppte, verschrumpelte Schachtel zu sein genauso erholsam ist, überlegen es sich dann aber doch anders. Ihr ist nicht klar, dass sie gerade eine Schlüsselrolle in Ihrem Stressdrama gespielt hat. Auch wenn man von Ihren wegen des Schlafmangels begrenzten geistigen Fähigkeiten absieht, sind die Anspannung und die Nervenzusammenbrüche schwer zu erklären und die Gefühle kaum zu vermitteln. Deshalb glauben die Leute, es sei keine große Sache.

Das verstärkt den Frust natürlich noch und führt dazu, dass Sie die ersten drei Monate im Leben Ihres Kindes damit verbringen, die eigenen Beine umklammernd in einer Ecke des Badezimmers zu hocken, vor-

und zurückzuschaukeln und dabei vor sich hin zu murmeln.

GELASSEN BLEIBEN »Fünfziger-Jahre-Hausfrauen-Syndrom«, dieser Begriff, den ich gerade erfunden habe (hm, ich sollte mir die Rechte daran sichern), umfasst die ganze Panik, den Stress und das Elend, die das Dasein als nicht berufstätiger Elternteil zwangsläufig begleiten – zu kompliziert, um es jemandem zu erklären, der all das nicht durchmacht. Als derjenige, der zu Hause bleibt, müssen Sie Bewältigungsstrategien und Anti-Stress-Techniken zur Hand haben – wie Yoga oder Stockcar-Rennen –, um mit dem Fünfziger-Jahre-Hausfrauen-Syndrom™ zurechtzukommen. Falls nicht, suchen Sie sich schnell welche. Selbst etwas so Einfaches wie einmal am Tag aus dem Haus zu kommen kann helfen, Ihre Stimmung und Gesundheit zu verbessern.

Und auch wenn Sie versuchen sollten, Ihre Gefühle zum Ausdruck zu bringen – rechnen Sie nicht damit, dass irgendjemand außer anderen nicht berufstätigen Eltern versteht, wie Sie mit dem Stress zurechtkommen und warum das überhaupt nötig ist. Nein, auch nicht Ihr Partner. Das führt nur zu weiterem Stress. Halten Sie Ausschau nach Elterngruppen zu dem Thema. Und sich professionelle Hilfe zu holen sagt nichts über Ihre Fähigkeiten als Vater oder Mutter aus. Machen Sie sich klar: Wenn Sie lernen wollen, mit dem alltäglichen, unvermeidlichen Stress umzugehen, gibt es keine falschen Lösungen. Na ja, außer, alte Damen zu strangulieren. Das ist definitiv falsch.

MEIN BABY SCHLÄFT NICHT DURCH

Trotz Ihrer wiederholten Versuche, Ihr Kleines zu beruhigen, fängt es um Mitternacht an zu weinen und hört bis 2.30 Uhr morgens nicht wieder auf. Dann schläft es selig für ganze zwei Minuten, worauf erneutes Gemecker bis 4 Uhr morgens folgt. Schließlich schläft Ihr Baby wieder für sage und schreibe elf Minuten (noch ein Meilenstein!), gerade lang genug, damit Sie eindösen können, bevor es Sie wieder braucht. Jede Nacht dasselbe: Aufwachen, das Baby beruhigen, eindösen, aufwachen, das Baby beruhigen, eindösen. In Endlosschleife.

Sie haben verschiedene Schlaftrainingsmethoden ausprobiert, vom Schreienlassen bis zum sanften »Schlafen statt Schreien«, aber alle haben *Sie* zum Weinen gebracht. Sie haben Ihrem Kind Wiegenlieder vorgespielt, weißes Rauschen, Regenwaldklänge. In einem Anfall von Schwäche haben Sie sogar auf Smooth Jazz zurückgegriffen. Sie haben mit Ihren Eltern darüber gesprochen und sie gefragt, welches Schlaftraining sie gemacht haben. Die haben verwirrt geguckt und gefragt: »Was ist Schlaftraining?«

Eines Morgens, während Sie die Flaschen abspülen,

schauen Sie aus dem Küchenfenster. Die Sonne ist noch nicht aufgegangen. Sie hören, dass Ihr Baby wieder zu weinen beginnt. Einen friedlichen Augenblick lang denken Sie darüber nach, voll Karacho mit dem Kopf gegen den Kühlschrank zu rennen, um wenigstens einmal kurz das Bewusstsein zu verlieren.

GELASSEN BLEIBEN Gäbe es einen sicheren Weg, ein Baby zum regelmäßigen Schlafen zu bewegen, könnte der Erfinder sich auf seiner bescheidenen Privatinsel, Australien zum Beispiel, zur Ruhe setzen. Es gibt keine einfachen Lösungen. Aber falls Sie sich damit besser fühlen: Jeder macht das durch. Unvorstellbar, aber wahr.

Wenn Sie einen Partner haben, wechseln Sie sich ab. Falls Ihr Partner in irgendeiner Weise protestiert, zwingen Sie ihn dazu, trotzdem eine Schicht zu übernehmen und streiten Sie später darüber. Wenn Ihnen alles zu viel wird, machen Sie eine Pause, in welcher Form auch immer. Zögern Sie nicht, einen Nachbarn, Ihre Schwiegereltern, den Lieferservice, fremde Passanten oder einen streunenden Hund um Hilfe zu bitten. Und bald wird Ihr Baby nachts durchschlafen … irgendwann … an irgendeinem Punkt wird es vom Schlaf übermannt. Das ist so sicher wie das Amen in der Kirche.

WIR HABEN EINEN FLUG VOR UNS

Selbst mit einem ruhigen Kind (sprich, einem mit Valium zugedröhnten), würden alle Eltern angesichts der gegenwärtigen Flugprozeduren am liebsten in ein Zen-Meditationszentrum rennen (sprich, eine Flasche Valium exen). Nichtsdestotrotz müssen Sie ein Flugzeug besteigen, um Ihre Schwiegereltern zu besuchen. Allein der Gedanke an die Liste der Dinge, die Sie durch die Kontrolle am Flughafen bekommen müssen, weckt in Ihnen den Wunsch, alles hinzuschmeißen und Ihr Baby in einer Jurte aufzuziehen.

Wenn seine Windel voll ist, könnte sie als Behältnis gelten. Steht Pipi auf der Liste erlaubter Flüssigkeiten der Flugsicherheitsbehörde? Und passt sein Kinderwagen überhaupt durch die Sicherheitsschleuse? Oder wird er bei der Überprüfung einen Stau verursachen?

Außerdem erinnern Sie sich noch an diese Flüge, bevor Sie Kinder hatten. Wenn ein Baby oder Kleinkind sechs Meilen über der Erde ausrastete, wurden seine Eltern zu den meistgehassten Menschen im Flugzeug – man fand sie noch unerträglicher als den rülpsenden Typen mit dem Knofi-Atem, der die Stewardessen belästigte.

Kurz überlegen Sie, Ihr Kleines an Bord den Gang hinauf- und hinunterlaufen zu lassen, damit es Bewegung hat und nicht ausflippt. Doch Sie verwerfen die Idee schnell wieder, nachdem Ihnen eingefallen ist, dass der Boden eines modernen Passagierflugzeugs die dreckigere Variante eines Kinofußbodens ist.

Und was ist mit der Schlafenszeit? Die kann auf einem Flug schlecht eingehalten werden. Zu Hause bringen Sie Ihr Kind in sein Zimmer und dimmen das Licht herunter. Im Flugzeug sitzt ein Baby – und bleibt sitzen. Nur »Schlafenszeit« zu flöten, wird nicht ausreichen. Und Drohungen werden auch ins Leere laufen, so viel steht fest.

Sie denken darüber nach, den Besuch zu verschieben, bis die Schwiegereltern sich entweder selbst auf den Weg machen oder Wissenschaftler die perfekte Teleportationstechnologie entwickelt haben. Doch dann geht es wieder los: Was, wenn der Kinderwagen nicht durch die Tür des Teletransporters passt?

GELASSEN BLEIBEN Und so funktioniert's: Sie müssen alles außer dem Baby durch das Röntgengerät schicken. Üblicherweise ist es erlaubt, Babynahrung in den gängigen Packungsgrößen mitzunehmen, auch Desinfektionsmittel für die Hände, Wundschutzcreme usw. Ja, wie jeder normale Terrorist die Regeln der Flugsicherheitsbehörde zu ignorieren gehört zu den Vorteilen des Elterndaseins. Wenn man einen Kinderwagen dabeihat, ist es an manchen Flughäfen erlaubt, sich in die kürzere Schlange für Familien und Rollstuhlfahrer einzureihen.

Sollten Sie den gelegentlich kursierenden Tipp gehört haben, Ihrem Baby Diphenhydramin zu verabreichen, damit es den Flug über schläft, hier eine Warnung: Bei manchen Babys hat es die gegenteilige Wirkung und dann müssen Sie während des Flugs ein spastisches Streifenhörnchen bändigen.

Wie auch immer, falls Sie es arrangieren können, neben anderen Eltern zu sitzen, tun Sie das. Sie werden sich nicht so sehr von Ihrem Tohuwabohu stören lassen wie die anderen Passagiere. Im Flugzeug geben Sie Ihrem Baby sowohl beim Start als auch bei der Landung das Fläschchen (oder einen Lutscher, wenn das Kind schon etwas älter ist), um den Ohrendruck auszugleichen. Nehmen Sie eine Reisetasche voller Spielzeug mit, das Ihr Kind entweder noch nie oder lange nicht mehr gesehen hat. Wenn all das nicht hilft, geben Sie ihm eine Ausgabe des Bordmagazins und es wird damit beschäftigt sein, die Zeitschrift in Fetzen zu reißen. Vielleicht schläft es ein, aber wahrscheinlicher ist, dass Sie die längste Darbietung Ihrer Elternschaft geben müssen – ohne Pause und ohne Applaus.

Das Gute: Falls die Flugbegleiter ebenfalls Eltern sind, bekommen Sie vielleicht eine Bloody Mary gratis.

KLEINKINDER

MEIN KIND WILL NICHT STEHEN

Ihr Spross zeigt keinerlei Interesse, sich einmal hinzustellen. Er ist zufrieden damit, einfach herumzusitzen und mit seinem kleinen Plastikfrosch zu spielen. Und wenn er irgendwohin will, krabbelt er von einem Zimmer zum nächsten, ohne die geringste Neugier darauf, wie der Flur wohl aus einer höheren Perspektive aussehen mag. Klar, wenn Sie Ihren Jungen gegen einen Couchtisch lehnen, bleibt er stehen. Aber wenn er nicht gestützt wird, setzt er sich einfach wieder hin. Und wenn Sie ihm seinen kleinen Plastikfrosch über den Kopf halten wie ein Hundeleckerchen, ist das Ergebnis ein heulendes, kein stehendes Kind.

Der etwa gleichaltrige Sohn Ihrer Freunde kann stehen und sogar schon einige wackelige Schritte gehen, der Angeber. Was hat Ihr Kind also für ein Problem?

Die gesamte Literatur und alle Forendiskussionen deuten darauf hin, dass Ihr Kleiner entweder Anzeichen einer Entwicklungsverzögerung zeigt oder, schlimmer noch, extreme Faulheit. Wenn er jetzt keine Lust hat, Laufen zu lernen, wird er das vielleicht niemals tun. Das heißt, Sie müssen so eine Laufhilfe für Kinder im Kindergartenalter, Schulalter und für Erwachsene finden. Vielleicht könnten Sie Ihren Sohn auch einfach auf ein Skateboard binden und hinter sich herziehen wie eine Holzente.

Er wird im Sportunterricht immer als Letzter in ein Team gewählt werden, weil er niemals schnell genug krabbeln wird. Sie überschlagen schon einmal die Ausgaben für Knieschoner, die zu seiner Hochzeitsgarderobe passen, damit er stolz auf allen vieren zum Altar rutschen kann.

GELASSEN BLEIBEN Unser Sohn Wyatt hat nicht einmal probiert, aufzustehen oder sich hochzuziehen, während sein Zwillingsbruder Boone fast seine gesamte wache Zeit mit dem Versuch verbrachte, die Balance zu halten und zu laufen. Dann schaffte Boone es eines Tages, ohne Hilfe durch den ganzen Flur zu tappen. Wyatt sah uns an, stand auf und *rannte* seinem Bruder hinterher. Seither hat er nicht mehr damit aufgehört. Im Ernst, der Junge hat keinen ersten Gang.

Ihr Sohn wird aufstehen, wenn er bereit ist – morgen, in einigen Monaten oder noch später. So gut wie alle Dreikäsehochs bekommen irgendwann den Hintern hoch. Und wenn ihn irgendeine körperliche Einschränkung daran hinderte, wäre Ihnen das inzwischen sehr wahrscheinlich schon aufgefallen. Er wird früh genug neugierig werden, und wenn er erst einmal herumzockelt und Sammlerobjekte vom Regal räumt, werden Sie sich sehnsüchtig an die Zeit erinnern, als er noch nicht so mobil war.

MEIN KIND HAT SICH DEN KOPF GESTOSSEN

Sie hatten sich vorbereitet und jede Ecke mit Schaumstoff oder Weichgummi abgepolstert. Sie haben jede scharfe Kante und harte Oberfläche in Ihrem Haus ausgemerzt und eine Art halbwegs einladende Gummizelle geschaffen. Das Wohnzimmer, die Küche – die gesamte Küche –, ja, wirklich alle Räume sehen aus, als habe Ihr Innenarchitekt Sie davon überzeugt, dass der nächste große Einrichtungstrend Schaumstoff sei.

Sie beobachten also voll freudiger Erregung, wie Ihre Kleine sich hochzieht und am Couchtisch festhält, um nicht umzukippen. Ihre Augen werden groß, als sie das Wohnzimmer aus dieser neuen Perspektive betrachtet. Als ihr die Spucke aus dem Mund trieft, wissen Sie, was in ihr vorgeht: »Wow – ich kann von hier aus mein Haus sehen!«

Dann, einige Wochen oder Monate später, die ersten vorsichtigen Schritte. Wie ein angeheiterter Student setzt Ihre Kleine sorgfältig und ungeschickt zuerst einen Fuß vor, dann den anderen. Sie wagt sich langsam vom weichen Teppich auf den Holzboden vor. Und als Sie gerade vor Elternglück quietschen, stolpert Ihr Töchterchen und schlägt mit dem Kopf auf dem Boden auf.

Hastig heben Sie es hoch und verfluchen sich dafür, es nicht in mehrere Schichten Luftpolsterfolie eingewickelt zu haben.

Sie kontrollieren den Kopf Ihres Mädchens und Ihre schlimmste Befürchtung bestätigt sich: Es bildet sich eine Beule. Eine solche Kopfverletzung könnte später zu Problemen führen – etwa der Unfähigkeit, den Buchstaben Q zu lernen, oder einer Leidenschaft für 24-Stunden-Nachrichtensender.

GELASSEN BLEIBEN Jedes Kleinkind bekommt blaue Flecken und Beulen. Selbst wenn aus dem blauen Fleck eine dicke Beule wird, ist das in den meisten Fällen nicht schlimm. Wölbt sich die Stelle allerdings nach innen oder ist eine tiefe Platzwunde entstanden, müssen Sie natürlich sofort zum Arzt. Ansonsten reinigen Sie einfach die Wunde oder wenden Sie kalte Kompressen an, wie Sie es tun würden, wenn Sie sich den Kopf gestoßen hätten. Und arbeiten Sie an Ihrem Huch!-Reflex, denn Sie werden noch viele weitere Stürze dieser Art sehen, bis Ihr Kind die Kunst des Spazierens beherrscht. Machen Sie sich nicht verrückt damit, jede harte Kante polstern zu wollen. Die Stellen, die Sie nicht abgedeckt haben, sind wie gefährliche Magneten, die eine natürliche Anziehungskraft auf Ihr Kind ausüben.

MEIN KIND HAT ANGST VOR ANDEREN MENSCHEN

Als Vater oder Mutter empfinden Sie mehr Liebe für Ihr Kind, als Sie für möglich hielten, weshalb Sie Ihr gelegentliches Bedürfnis nach etwas Raum für sich ein wenig verwirrt. Aber Sie haben Ihren Frieden mit diesem Zwiespalt geschlossen und versuchen, sich stattdessen auf die Momente heiterer Gelassenheit zu konzentrieren, wenn die Großeltern oder Freunde zu Besuch sind und Sie ihnen den Kleinen in die Hand drücken können. Endlose Guckguck-Spielchen geben *Ihnen* vielleicht das Gefühl, in einem von Dantes weniger bekannten Höllenkreisen festzustecken – *Besucher* finden es beinahe so aufregend wie Ihr Sohn. Sie lassen sie deshalb gerne eine halbe Stunde Guckguck und andere Krabbelkinderspiele machen, während Sie ein Glas Wein hinunterstürzen. Oder zwölf.

Es sei denn, Ihr Kind wehrt sich körperlich und lautstark dagegen, von jemand anderem als von Ihnen gehalten zu werden. Selbst Ihrer Arbeitskollegin, die dank einer Schar jüngerer Cousins und Cousinen fließend Kleinkind spricht, gelingt es nicht, Ihren Sohn zu sich in die Arme zu locken. Nein, wenn er ein Gesicht sieht, das nicht Ihres ist, versteckt er sich hinter Ihren Beinen, hält sich an Ihrem Hemd fest oder schlingt seine Arme und Beine derart fest um Sie herum, dass er ein Brazilian-Jiu-Jitsu-Turnier gewinnen könnte.

Ihr Junge will so fest und dauerhaft mit Ihnen verbunden sein wie ein siamesischer Zwilling. (Und wir haben alle oft genug Dokus über das Thema gesehen, um zu wissen, dass siamesische Zwillinge auf Partys und bei anderen gesellschaftlichen Ereignissen große Schwierigkeiten haben. Denken Sie nur an die Rechnung vom Schneider.) Sie erklären beharrlich, dass alles in Ordnung ist, aber Ihr Sohn ist anderer Meinung. Er weint, schreit und steigert sich mit Volldampf in einen Tobsuchtsanfall hinein, bis Ihr Realitätssinn flöten geht und Sie mit heiterer Gelassenheit in die endlosen Weiten des Wahnsinns entschweben.

GELASSEN BLEIBEN Diese anhängliche Phase haben fast alle Kinder. Wenn es Sie furchtbar stresst, versuchen Sie sich Ihr Leben in zehn Jahren vorzustellen, wenn Ihr Sohn beim Gedanken daran, dass er das Haus und vor allem das Sofa mit Ihnen teilen muss, die Augen verdrehen wird. Sie werden sich seine frühere Anhänglichkeit sehnlichst zurückwünschen. Abgesehen davon ist es wichtig, dass Sie Ihr Kind ermutigen, sich von anderen auf den Arm nehmen und bespaßen zu lassen, wenn es noch klein ist. Probieren Sie aus, neben der anderen Person zu sitzen und sie mit Ihrem Sprössling spielen zu lassen. Wiederholen Sie das, bis eine Übergabe machbar erscheint. Und dann laufen Sie schnell in die Küche und holen sich den Wein.

MEIN KIND WILL KEINEN MITTAGSSCHLAF MACHEN

Sie haben keine Tochter, sondern eine Sturmbö mit Armen und Beinen. Beim Spielen, Tanzen, Schreien und dem Versuch, den Kleiderschrank zu erklimmen, hinterlässt sie Schmutz und Zerstörung. Dieser unermüdliche Wirbelwind kennt keine Grenzen, wie sein komplettes Desinteresse an einem Nickerchen zeigt. Sie selbst dagegen könnten jederzeit einschlafen, sogar bei einer Darmspiegelung.

An guten Tagen wälzt Ihre Tochter sich während der Schlafenszeit eine Stunde lang hin und her und zappelt herum, bis Sie schließlich aufgeben. An schlechten Tagen schreit sie, als würde sie gefoltert, oder unternimmt eine derart spektakuläre Flucht aus ihrem Zimmer, als wäre es eine Gefängniszelle von Alcatraz.

Jedes Mal, wenn Sie Ihre Kleine hinlegen, achten Sie gespannt auf das Babyfon in der Hoffnung, dass die Augenblicke der Stille sich zu einer langen Spanne süßer Erleichterung ausweiten. Doch solche ruhigen Momente enden immer mit einem dumpfen Aufprall oder einem Krähen, was Ihnen ankündigt, dass Ihre Tochter bald in der Küche auftauchen wird, um dieses Spiel namens »Nickerchen« für beendet zu erklären.

Was den Frust noch verstärkt: Sie scheint ausgerechnet um die Schlafenszeit herum einen Energieschub zu bekommen. Während alle anderen Kinder auf der Welt mittags tief und fest schlummern, ist Ihre Tochter plötzlich aufgedreht, weinerlich und hampelt herum. Sie benimmt sich wie Ihr Kumpel von der Uni, der eine – gerne betrunken – durchgemachte Nacht für die beste Prüfungsvorbereitung hielt.

Vielleicht braucht Ihre Tochter keine Ruhepause. Vielleicht besteht darin ihre Superkraft. Ja, Sie haben ein Wesen der nächsten menschlichen Evolutionsstufe in die Welt gesetzt, das keinen Schlaf benötigt.

GELASSEN BLEIBEN Ab dem Alter von zwei Jahren können Kinder den Mittagsschlaf auch mal auslassen. Bis dahin wird ihre Welt von Tag zu Tag aufregender. Natürlich will Ihre Tochter nichts verpassen. Aber genau wie Sie ihr erste Worte und Lesen beibringen, müssen Sie sie dabei unterstützen, mittags zur Ruhe zu kommen. Wenn sie weint, gehen Sie zu ihr, aber nehmen Sie sie nicht hoch. Legen Sie ihr nur die Hand auf die Brust und versichern Sie ihr, dass Sie nebenan sind. Dann verlassen Sie das Zimmer wieder. Wenn sie ausbüxt, bringen Sie sie ohne großes Trara wieder zurück. Irgendwann wird sie begreifen, dass sie um diese Zeit im Bett bleiben muss, und dann kommt der Schlaf automatisch. Wenn Sie ihr Wick Medinait* geben, schläft sie übrigens eine ganze Woche lang.

* Was kein Mensch empfiehlt, der noch ganz bei Trost ist.

WIR KOMMEN IMMER ZU SPÄT

Seit Ihr Sohn im Kleinkindalter ist, können Sie nirgendwo mehr pünktlich erscheinen. Nie. Wenn Sie ankündigen, am Montag um zehn Uhr morgens irgendwo zu sein, gehen Ihre Freunde einfach davon aus, dass Sie um 10.30 Uhr kommen. Und das auch nur, wenn alles glattläuft. Sonst Donnerstag. Um das auszugleichen, haben Sie gelernt, in einem Tempo zur Arbeit zu rasen, das einen Rennwagen wie ein Dreirad aussehen lassen würde.

Sie kämpfen sich durch die morgendlichen Abläufe, das Zubettgehprogramm, die Mahlzeiten und alle anderen Aktivitäten mit einer festgelegten Anfangszeit. Selbst wenn Ihr Sohn in einer kooperativen Laune ist, dauert jeder Schritt viel länger als geplant. Die Gründe sind eine Kombination aus Folgendem:

Ihr Sohn

- weigert sich zu essen
- will von Ihnen gefüttert werden
- diskutiert, warum er genau jetzt *Dora* gucken muss
- rennt herum und/oder schreit
- ist unglücklich mit den Klamotten, die er trägt, auch wenn er sie selbst ausgesucht hat

- rennt erneut herum und/oder schreit
- sucht nach einem bestimmten Spielzeug, das er am Vorabend achtlos in die Ecke gepfeffert hat
- diskutiert darüber, ob Giraffen tanzen oder nicht
- rennt und/oder schreit noch mehr herum

GELASSEN BLEIBEN Ich weiß, was Sie denken, aber den Zeitplan anzupassen und früher anzufangen nützt nichts. Das gibt Ihrem Kind nur mehr Zeit, Chaos zu veranstalten. Kleinkinder haben einfach zu viel zu tun, um sich Ihrem willkürlichen Terminplan zu unterwerfen. Allein ins Auto zu steigen dauert zehn Minuten, es sei denn, Sie haben zehn Minuten dafür eingeplant – dann dauert es zwanzig.

Es gibt eine wunderbare, einfache, wenn auch schwer zu akzeptierende Lösung: Freunden Sie sich damit an, zu spät zu kommen. Gehen Sie abends zu Bett in dem Wissen, was der nächste Morgen bringen wird: Ihr eigenes Gebrüll und Gebettel in Richtung Ihres Sohnes, gefolgt von einem wilden Sprint zum Auto, um es (hoffentlich) noch rechtzeitig zur Arbeit zu schaffen. Dank dieser Veränderung werden Sie besser schlafen und jeden Morgen mehr genießen. Manchmal unterhalten Sie sich dadurch vielleicht sogar etwas länger über tanzende Giraffen.

MEIN KIND HAT ABSURDE WUTANFÄLLE

Als Ihr Sohn noch ein Säugling war, schrie er aus vielen Gründen – aus Hunger oder Müdigkeit, wegen eines Sturzes oder weil ihm klargeworden war, dass der Journalismus schon seit langem völlig korrupt ist –, aber letztlich wussten Sie immer, warum. Jetzt ist er etwas älter und es scheint, als würden Sie mehrmals täglich etwas unglaublich Empörendes tun, denn er scheut sich nicht, Ihnen ausgiebig mitzuteilen, wie enttäuscht er von Ihnen ist.

Nachdem Ihr Junge erst einmal herausgefunden hatte, wie man läuft, wollte er nichts anderes als stehen, kreuz und quer herumeiern, diverse erste Schritte machen und dann gegen Usain Bolt antreten. Wenn Sie ihn jetzt auf den Wickeltisch legen, sind Sie mit einem krassen Tobsuchtsanfall konfrontiert.

Verrückterweise passiert es bei so gut wie jedem Windelwechsel. Egal wie fröhlich der kleine Hosenscheißer nur Millisekunden zuvor war, nun müssen Sie sich jedes Mal für Ihre kleine, private A-capella-Death-Metal-Show wappnen.

Und der Wickeltisch ist nur einer von unzähligen Auslösern. Ihrem Jungen ist es egal, wie müde Sie sind.

Das Einzige, was für ihn zählt, ist anscheinend, wie lang und wie laut er aus dem nichtigsten Anlass heraus schreien kann.

Um dagegen anzugehen, wenden Sie eine Technik an, die auf der Tatsache beruht, dass Sie – zumindest im Augenblick noch – größer und stärker sind als Ihr Sohn. Sie halten ihn auf der Wickelmatte fest, bis seine Zuckungen vorbei sind. Oder Sie lenken ihn mit etwas Absurdem wie den Mitschriften einer Senatsanhörung ab. Sie fragen sich außerdem, ob Ihre Freunde es missbilligen würden, wenn Sie vor ihnen damit angeben, dass Sie Ihr Kind im Wrestling besiegt oder Sie ein professionelles Sicherheitsgeschirr am Wickeltisch befestigt haben.

GELASSEN BLEIBEN Wenn Ihr Sohn ausrastet, wechseln Sie die Windeln (oder was auch immer Sie gerade tun müssen) im Eiltempo. Wird er lauter und körperlich aktiver, weichen Sie seinen herumprügelnden Armen aus. Dann, so raten Experten, lassen Sie ihn erst einmal runterkommen, bevor Sie irgendetwas anderes tun. Im Tobsuchtsmodus wird er sowieso nicht ansprechbar sein. Wenn er sich beruhigt hat, können Sie versuchen, ihn zu fragen, was ihn so aufgeregt hat, am besten unter Verwendung von Wörtern wie »frustriert«. Eine noch wirksamere Taktik ist, einfach positiv zu

WINDELN

reagieren, wenn er sich abregt. Dadurch lernt er, dass es bessere Möglichkeiten gibt, mit Frust umzugehen, als eine emotionale Kernschmelze zu verursachen. Das verspricht wesentlich mehr Erfolg als meine ursprüngliche Lösung: Ich zwang die Jungs wiederholt, die »Ärger dich nicht«-Folge von *Blue's Clues – Blau und schlau* anzuschauen, und sagte, sie sollten »aufhören, solche Nervensägen zu sein«.

MEIN KIND BEISST ANDERE KINDER

Ihre wunderbare Kleine hat angefangen zu beißen. Schlimmer noch, Sie haben sie dabei erwischt, wie sie sich mit aufgesperrtem Mund vorbeugte, um einen Happen von der Hand ihrer Freundin zu nehmen. Sie verhält sich wie ein Mini-Zombie.

Alle Eltern von Kleinkindern reden über Raufereien bei Verabredungen zum Spielen oder in der Kita, die professionelles Wrestling wie eine Kissenschlacht im Mädcheninternat aussehen lassen. Für Sie ist das in Ordnung – solange Ihre Tochter sauber kämpft. Aus Ihrer Sicht ist Beißen jedoch ein klarer Regelverstoß … außer, man ist drauf und dran zu verlieren. Dann ist alles erlaubt und die Kleine sollte jeden beißen, wo sie ihn erwischt.

Okay, Timing und Eleganz Ihrer Tochter sind vielleicht nicht mit den Fähigkeiten von Muhammad Ali in diesem Alter zu vergleichen, aber Sie können ihr unmöglich beibringen, fair zu kämpfen, weil das für sie so aussähe, als würden Sie sie zum Prügeln ermutigen. Außerdem können Sie ein zwanzig Monate altes Kind schlecht zu Hausarrest verdonnern. Und wenn Sie es dennoch versuchten, würde Ihr süßes Mädchen Sie wahrscheinlich einfach beißen.

Während Sie darüber sinnieren, wie Sie die kannibalistischen Tendenzen Ihrer Tochter in den Griff bekommen könnten, ergreift sie die Gelegenheit, die Zähne in den Arm ihrer Freundin zu versenken. Panik bricht aus. Kinder und Eltern laufen durcheinander. Auf dem Heimweg fahren Sie bei der Zoohandlung vorbei, um nachzusehen, ob es dort Maulkörbe in einer passenden Größe für Ihre Tochter oder vielleicht ein Kauspielzeug in der Form ihrer Freundin gibt.

GELASSEN BLEIBEN Wenn Ihre Tochter beißt, sollten Sie ihr erklären, dass das nicht in Ordnung ist und warum. Machen Sie aber keine allzu große Sache daraus, denn sonst verbindet sie die Aufmerksamkeit – egal ob positiv oder negativ – damit, und dann tut sie es vielleicht immer wieder – genau wie ich Leuten immer wieder aufs Neue erzähle, dass ich das Auto meiner Mutter mal auf zwei Reifen gefahren habe, weil zwei Schulfreunde von mir das für eine coole Story hielten. Machen Sie Ihrer Kleinen klar, wie sich das andere Kind wegen ihres Verhaltens fühlt, fragen Sie sie, ob sie möchte, dass man dasselbe mit ihr macht, und was sie tun kann, damit sich das andere Kind wieder besser fühlt. So lernt sie Mitgefühl. Falls diese Taktik nicht hilft, sollten Sie Ihre Tochter von ihren Spielkameraden trennen und noch einmal ein ernstes Wörtchen mit ihr reden. Wenn nötig, verlassen Sie mit ihr den Ort des Geschehens ganz. Das ist Ihnen vielleicht peinlich, aber es macht ihr den Ernst der Situation deutlich. Ihre Kleine zurückzubeißen kommt natürlich nicht in Frage, auch wenn sie wahrscheinlich zum Anbeißen ist.

MEIN KIND HAT FIEBER

Seit Ihr Sohn im Kindergarten ist, läuft ihm die Nase. Sie haben Ihre Verwandten angerufen und ihnen geraten, Aktien von Kleenex zu kaufen, denn dank Ihnen boomt das Unternehmen. Eines Tages wirkt Ihr Sohn jedoch plötzlich lethargisch. Sie messen seine Temperatur. Die Zahl auf der Anzeige schnellt in die Höhe. Und was Ihnen beim Kleenex-Kurs durchaus gefallen würde, ist in diesem Fall nicht ganz so erfreulich.

Die Anzeigen zum Thema »Hunde im Auto lassen«, die Sie noch aus Ihrer Kindheit kennen, kommen Ihnen in den Sinn. »Heiß genug, um ein Spiegelei zu braten?«, hieß es da. »Heiß genug, um das Hirn Ihres Hundes zu braten.« Sie bekommen Panik, versuchen zu schätzen, wie heiß die Pfanne sein muss, um ein Spiegelei zu braten. Sie schätzen, etwa 39 oder 40 Grad.

Dann fängt die Kotzerei an. Zwar haben Sie einen Großteil Ihrer Uni-Abschlussfeier über dem Klo hängend verbracht, Ihrem Sohn möchten Sie diese Erfahrung aber gerne ersparen. Außerdem ist er ja noch nicht einmal betrunken. Bazillen haben keinen Sinn für Gerechtigkeit. Hätten sie einen, würden sie Ihren Jungen in Ruhe lassen und sich jemanden suchen, der diese

Krankheit eher verdient hat, zum Beispiel die fiesen Nachbarn am Ende der Straße. Haben Sie deren kitschige Weihnachtsdeko gesehen?

GELASSEN BLEIBEN Wenn Ihr Kind Fieber hat, rufen Sie die Kinderärztin an. Die wird Ihnen sagen, dass Sie vorbeikommen sollen, wenn die Temperatur eine bestimmte Grenze überschreitet. Vielleicht gibt sie Ihnen auch Tipps, wie Sie das Fieber senken können. Ja, Fieber ist unangenehm für Ihr Kind, aber in den meisten Fällen ist es ungefährlich, solange es nicht *richtig* hoch ist. Die Meinungen darüber, was *richtig hoch* ist, unterscheiden sich von Arzt zu Arzt. Fragen Sie die Kinderärztin nach genauen Richtwerten. Erbricht Ihr Kind, kann das alle möglichen Gründe haben – Lebensmittelvergiftung, Magen-Darm-Infekt, Erkältung. Das alles geht vorüber. Sie können mit ihm zur Ärztin gehen, damit diese andere Ursachen ausschließen kann. (Mit Erbrechen nach einer Kopfverletzung zum Beispiel ist nicht zu spaßen.) Übrigens: Um ein Spiegelei zu braten, muss die Temperatur rund 65 Grad betragen. Bei dieser Hitze würde Ihr Kind bereits in Flammen stehen.

KINDERGARTEN-KINDER

ICH VERTRAUE KEINEM BABYSITTER

Bevor das Kind da war, bestand die Silvestertradition bei Ihnen darin, zu Hause herumzusitzen, Wein zu trinken und sich zu beklagen, von niemandem auf eine Party eingeladen worden zu sein. Nachdem das Kind da ist, sitzen Sie zu Hause herum, trinken Wein und beklagen sich darüber, dass Sie nicht die Möglichkeit hätten, auf die Partys zu gehen, zu denen niemand Sie eingeladen hat.

Vergessen, dass Sie das letzte Mal, als Sie tatsächlich auf einer Party waren, Interesse heucheln mussten, als Ihnen ein Gast mit einer quietschbunten Sonnenbrille – vielleicht ironisch gemeint, vielleicht aber auch nicht – von seinem genialen historisch-fiktiven Drehbuch erzählte, das von dem Autor Herman Melville im Kampf gegen einen Gangsterboss namens »Der Wal« handelt. Doch jetzt haben Sie das Gefühl, das Haus nicht verlassen zu können, und das lässt jede Art von gesellschaftlichem Event verlockend erscheinen – scheiß auf nervige Gespräche.

Die Wände Ihres Schlafzimmers tragen die eingeritzten Kerben und Striche, mit denen Sie Ihre Tage in diesem Gefängnis abzählen. Die winzige Wärterin hat Sie wieder einmal zu der demoralisierenden Aufgabe verdonnert, sie nach einem kleinen Unfall sauberzumachen.

Sie sehnen sich nach nur einem einzigen Abend in Freiheit, aber Sie müssen zu Hause bleiben und sich um Ihr Mädchen kümmern, denn das könnte niemals jemand anderes so gut wie Sie selbst. So sieht Ihr Schicksal aus – an Ihren Nachwuchs gefesselt, bis er zur Uni geht.

GELASSEN BLEIBEN Es ist mir echt unangenehm, Ihnen diese Illusion rauben zu müssen, aber das stimmt einfach nicht. Es handelt sich um ein Kind, nicht um eine Atombombe. Sie mögen sich in die Überzeugung verbeißen, Sie könnten *unmöglich* ausgehen. Aber irgendwann müssen Sie Ihr Kind sowieso in die Obhut einer anderen Person geben. Also können Sie es genauso gut gleich ausprobieren. Fangen Sie klein an. Engagieren Sie für ein paar Stunden einen Babysitter oder ein Familienmitglied zum Aufpassen, während Sie Besorgungen machen. Irgendwann wird es sich für Sie okay anfühlen, das Kind für einen Abend zu verlassen, um sich auswärts bei einem netten Abendessen und Wein zu beklagen, dass Sie auf keine Party eingeladen wurden.

Ach, und machen Sie sich eines klar: Wenn Ihre Tochter irgendwo in der Nähe Ihres Wohnortes zur Uni geht, kommt sie sicher alle paar Wochen vorbei, damit Sie ihre Wäsche waschen können.

MEIN KIND ISST NUR, WAS ES SCHON KENNT

Wissenschaftler empfehlen, sich an der Ernährungspyramide mit Gemüse, Obst, Fleisch, Getreide und Milchprodukten zu orientieren. Sie geben Ihrem Kind all das in verschiedenen Formen, bereiten Hauptgerichte und Beilagen selbst zu, sodass sogar Ihre Mutter beeindruckt wäre, die immer geglaubt hatte, alles, was Sie kulinarisch zustande brächten, wäre ein Erdnussbutter-Marmelade-Sandwich.

Doch Ihr Sohn hat seine eigene Ernährungspyramide entwickelt, bestehend aus Käsemakkaroni. Ihm geht nichts über die Lippen, das nicht unter einem Riesenberg geriebenen Käse begraben ist. Sie argumentieren, dass er etwas mehr Abwechslung braucht. Dass eine Stärke-Diät gut ist, wenn man an einem Triathlon teilnehmen will, Fangenspielen im Kindergarten aber nicht zählt. Irgendwie gelingt es Ihnen, ihn so zu zermürben, dass er einwilligt, wenigstens einen Happen Neues zu probieren. Gespannt beobachten Sie ihn, als er die Spargelspitze zum Mund führt, den kleinstmöglichen Bissen nimmt und dann erklärt, dass das total eklig sei.

Dieses Theater spielt sich bei jedem neuen Nahrungsmittel ab. Also beschließen Sie, ihn an der Planung zu beteiligen, und fragen, was er gerne essen würde. Er schlägt Cheeseburger vor und Sie jauchzen vor Freude – nicht, weil das so gesund ist, sondern weil es mal etwas anderes ist. Mit frischem Hackfleisch und perfekt geschmolzenem Käse kreieren Sie den großartigsten Burger, der je den Teller eines Kindes geziert hat. Sie stellen ihn vor Ihren Sohn, der beißt einmal ab und zieht dann den gewohnten melodramatischen Flunsch.

Sie knicken ein. Weinend stopfen Sie alle Burger in sich hinein, während Sie Ihrem Kind Käsemakkaroni

kochen. Im Supermarkt füllen Sie den Einkaufswagen mit Schachteln seines Lieblingsessens. Als der Kassierer die Ware scannt, mustert er Sie verstohlen und schüttelt sich innerlich angesichts des Ausmaßes Ihrer kulinarischen Verzweiflung.

GELASSEN BLEIBEN Haben Sie jemals länger als ein paar Tage dasselbe zu Mittag gegessen? Am letzten Tag schreit Ihr Körper doch förmlich nach etwas anderem. Tja, und genau wie Ihr Körper Ihnen mitteilt, was er braucht, genauso wird es der Körper Ihres Jungen irgendwann tun. Er ist gerade nur etwas … fokussierter. (Und fairerweise muss man sagen, dass Käsemakkaroni ziemlich herausragend sind. Es sind schließlich Makkaroni – *mit* Käse!)

Bieten Sie ihm weiterhin verschiedene Gerichte an. Wenn Sie sich trauen, erlauben Sie ihm, das Menü aus einer Reihe gesunder Wahlmöglichkeiten auszusuchen, und auch den Platz, an dem er essen möchte. Ernährungswissenschaftler halten zwar nichts von Bestechung, aber Sie könnten Ihrem Sohn sein Lieblingsessen geben, wenn er auch eine kleine Portion von etwas anderem isst. Im Gegensatz zu dem, was diese Experten unterstellen, wird Ihr Kind keine Spielsucht entwickeln oder Scheidungsanwalt werden, wenn Sie ab und zu mit ihm feilschen. Aber nehmen Sie einfache Gerichte wie Hähnchenbrust. Austern können Sie ihm später immer noch vorsetzen.

BLA BLA BLA BLA BLA BLA BLA BLA BLA BLA BLA BLA BLA BLA

MEIN KIND HÖRT EINFACH NICHT ZU

Als Ihre Tochter ins Krabbelalter kam, lächelte sie beim Klang Ihrer Stimme. Sie war ganz wild darauf, Sie glücklich zu machen, half deshalb bei einfachen Aufgaben und hielt sich an die Familienregeln. Doch jetzt ist sie ein Kindergartenkind und benimmt sich so unverschämt und destruktiv, dass Sie sie rauswerfen würden, wenn Sie nicht befürchteten, dass sie dann die Stadt verwüstet wie ein Chicken-Nugget-liebender Godzilla.

Wenn Sie Ihrer Kleinen sagen, sie solle das Fläschchen mit blauer Farbe nicht schütteln, schüttelt sie es. Während sie die Küche mit kobaltblauen Streifen überzieht, blickt sie Ihnen direkt in die Augen. Obwohl Sie bereits dreimal Nein gesagt haben, fragt sie noch einmal nach etwas Süßem. Und sie lächelt nur noch beim Klang Ihrer Stimme, wenn Sie ihr geben, was sie will. Was sie über die Familienregeln denkt? Scheiß drauf. Ob Sie glücklich sind, interessiert sie nur noch, wenn es zu ihren Bedürfnissen passt. Echt mal, was glaubt sie eigentlich, wer sie ist? Eine Politikerin?

Sie erwägen die Möglichkeit, ob ein so kleines Kind wie Ihre Tochter so viel Ohrenschmalz produzieren kann, dass es speziell Ihre Stimmlage nicht mehr wahrnehmen kann. Der Kinderarzt sagt, die Ergebnisse der Hörtests seien normal, aber er hat sie bestimmt nicht korrekt durchgeführt. Ihre Tochter hat sicher ein Problem mit den Ohren, es kann ja nicht sein, dass Ihr Sonnenschein absichtlich ignoriert, was Sie sagen.

Denn wenn sie jetzt nicht auf Sie hört, wird sie niemals auf irgendeine Autoritätsperson hören – Lehrer, Chefs, Coffee-Shop-Baristas. Sie wird nie lernen, sich an irgendwelche Regeln zu halten, insbesondere an das Gesetz. Schilder, die davor warnen, dass jeder Ladendiebstahl zur Anzeige gebracht wird, werden sie geradezu zum Klauen *inspirieren*. Nach einigen Festnahmen wird Ihre Kleine in einem Militärgefängnis landen und sich einer Knastgang anschließen, um zu überleben. Wenn sie schließlich rauskommt, wird sie Sie in ihre von Knast-Tattoos übersäten Arme schließen und Sie auffordern, sie von nun an nur noch »Spider« zu nennen.

GELASSEN BLEIBEN Alle Kinder haben diese rebellische Phase und nur ein kleiner Teil von ihnen landet später im Gefängnis. Die beiden Gründe, weshalb Ihre Tochter scheinbar nicht hört, sind: 1. Sie ist vollkommen vertieft in das, was sie gerade tut, und 2. sie testet aus, wie weit sie bei Ihnen gehen kann. Deswegen ist sie aber noch kein Arschloch (na ja, ein bisschen schon). Vielmehr lernt Ihr Mädchen auf diese Weise die Feinheiten der menschlichen Interaktion. Sie lernt durch Handeln, also muss sie begreifen, wie viel von dem, was Sie oder andere zu ihr sagen, wirklich wichtig ist. Um sich zu helfen, können Sie sie auffordern zu wiederholen, was Sie gesagt haben, und sich angemessene Konsequenzen einfallen lassen. Oder Sie beschränken sich einfach aufs Wesentliche.

Und denken Sie daran, Sie sind nicht in einem fremden Land. Lauter zu sprechen nützt also nichts.

MEIN KIND VERPRÜGELT ANDERE KINDER

Alle Eltern suchen nach Anzeichen, die darauf hindeuten, was ihr Kind als Erwachsener wird. Ihr Kind liebt Lego? Es wird bestimmt Architekt. Es malt gerne? Dann wird es Künstler. Wenn man danach geht, wird *Ihr* Sohn ein Ultimate Fighting Champion, denn er tritt, schubst und kratzt andere Kinder. Einmal haben Sie sogar gesehen, wie er dem Neuen im Kindergarten einen perfekten Muay-Thai-Ellenbogenstoß verpasste.

Sie haben Ihrem Sohn erklärt, warum es falsch ist, jemanden zu schlagen; haben ihm gesagt, dass es nicht nett ist, andere zu verletzen. Sie haben es mit den verschiedensten Bestrafungen versucht. Dennoch hinterlässt Ihr Spross eine Reihe zumindest geringfügig verletzter Kinder. Jeder Kindergeburtstag endet mit einem

Tiefpunkt: einem ernsten Gespräch darüber, dass er lieb mit den anderen spielen und ihnen nicht weh tun soll. Und jeder Spielplatzbesuch hört damit auf, dass Sie sich bei einem fremden Elternteil verlegen für das Verhalten Ihres Sohnes entschuldigen. Sie denken darüber nach, künftig keine Kindergeburtstage mehr zu besuchen, Ihren Sohn zu Hause zu unterrichten – aus Not, nicht aus Überzeugung – oder in eine entlegene Höhle in den Bergen zu ziehen, wo Ihr wildes Kind seine Bodyslam-Technik nach Belieben an nichtsahnenden Hirschen und Murmeltieren verfeinern kann.

Irgendwie ist Ihre schlimmste Befürchtung wahr geworden: Ihr Kind ist ein Raufbold.

Sie werden herausfinden, wie es ist, die Mutter des Schurken zu sein, da Ihr Sohn sich seinen Weg durchs Leben boxen und schubsen wird. »Er war so ein lieber Junge«, werden Sie zu den TV-Reportern sagen, die Sie wegen einer schlimmen Sache interviewen, die Ihr Teenager-Sohn verbrochen hat. Sie sind sich nicht sicher, was für eine Sache das genau ist, aber Sie vermuten, es geht um einen Bus voller Nonnen und eine Klippe.

GELASSEN BLEIBEN Im Kleinkindalter entsteht dieses Verhalten normalerweise nicht aus Wut. (Darum geht es später in diesem Buch.) Schubsen, Kratzen und Schlagen ist in dieser Phase meist die Folge von Frustration durch einen Mangel an sprachlichen Ausdrucksmöglichkeiten. Schließlich kommt kein Kind mit einem vollständigen Wortschatz aus dem Bauch oder auch aus dem Kindergarten. Kinder sind frustriert, wenn sie nicht kommunizieren können, und lassen diesen Frust körperlich raus. Sie haben mitbekommen, wie Eltern bis zum Gehtnichtmehr den Satz »Mach den Mund auf« wiederholten? Das ist der Grund.

Vor allem müssen Sie Ihren Sohn dabei unterstützen, seinen Wortschatz zu erweitern. Fangen Sie mit etwas Einfachem an – mit Wörtern wie »fröhlich« und »traurig«, nicht »Verzagtheit« oder »Ennui«. Helfen Sie Ihrem Kind, die richtigen Worte zu finden und sie auszusprechen, und betonen Sie zugleich, dass es falsch ist, anderen weh zu tun – aber nicht beides auf einmal. Es wird Jahre dauern, bis Ihr Sohn multitasken kann. Vielleicht – wie in meinem Fall – bleibt dies aber auch bis ins Erwachsenenalter für ihn eine so unbegreifliche Fähigkeit wie die Kampftechniken der Ninjas. Mit der Zeit wird Ihr Kind einen Wortschatz entwickelt haben, der groß genug ist, um erfolgreich zu kommunizieren, und das physische Ausagieren wird wahrscheinlich nachlassen. Solange sollten Sie immer ein paar Süßigkeiten dabei haben, um die Opfer Ihres Sohnes zu bestechen, damit sie ihren Eltern nichts sagen.

WIR SIND STÄNDIG KRANK

Zusammen mit dem neuen Erdenbürger haben Sie einen Haufen Keime in Ihr Leben gebracht. Es ist, als wäre Ihre Tochter mit einem ansteckenden Hofstaat angekommen. Besonders seit sie im Kindergarten ist, fängt sie sich ziemlich häufig Erkältungen ein. »Häufig« ist eigentlich nicht das richtige Wort dafür, »täglich« wäre präziser. Und es sind nicht nur Erkältungen. O Gott, nein.

Ihrer Tochter läuft die Nase ungefähr vom zweiten bis zum fünften Lebensjahr. Nicht hin und wieder, sondern drei Jahre durchgängig. Das Einzige, was sich verändert, ist, wie stark sie läuft, und die Farbe des Rotzes.

Hinzu kommt: Welche Bazille auch immer Ihre Kleine sich einfängt – Sie selbst haben auch jedes Mal etwas davon. Ihre Tochter fasst alles an, will ihr Essen mit Ihnen teilen … Ihr Zuhause gäbe einen guten Ort für die praktische Ausbildung von Gefahrgutbeauftragten ab. Zudem sind die Krankheiten völlig anders als alle, die Sie bisher hatten. Aus irgendeinem Grund treffen die Erkältungen und Magen-Darm-Infekte, die die Kleinen nach Hause schleppen, die Erwachsenen exponentiell härter. Ist Ihr Kind erkältet, hat es vielleicht eine schlaflose Nacht und etwas Husten. Bekommen Sie die Erkältung,

ist sie wie eine apokalyptische Plage, die Sie durch eine Nebenhöhlenentzündung und einen übel zugerichteten Rachen um Hilfe wimmern lässt.

Ihre Küche ist nur noch ein Lager für einen Riesenvorrat an Tees, Säften, Suppen und Vitamin-C-Tabletten. Sie haben vergessen, wie es sich anfühlt, gesund zu sein. Die Behörden werden Ihr Zuhause sicher unter Quarantäne stellen, so dass Sie mit der Quelle Ihrer Krankheit eingesperrt sind. Sie wollen weinen und schreien, aber das täte im Hals weh. Außerdem haben Sie dafür sowieso keine Energie mehr.

GELASSEN BLEIBEN Von allen Krankheiten, die meine Jungs mit nach Hause gebracht haben, bin ich bloß einer entkommen. Und das auch nur, weil ich mich mit einem Wochenvorrat Dosengerichten und der kompletten DVD-Kollektion von Sergio-Leone-Filmen im Schlafzimmer eingeschlossen habe.

Im Kleinkindalter dient jeder Ort, an dem sich Kinder versammeln, als Petrischale für Keime. Ihre Kleine wird einige Erkältungen und andere nicht tödliche Erkrankungen durchstehen müssen. Aber ob Sie's glauben oder nicht, diese Reihe von Krankheiten hilft ihrem Körper, das Immunsystem aufzubauen. Waschen Sie sich oft die Hände. Sollten Sie aber mitbekommen, dass Ihre

Tochter niest, ist es schon zu spät. Wenn Sie sich zu diesem Zeitpunkt weiterhin die Hände waschen, dann nur, um ihr zu zeigen, wie das geht. Irgendwann ist sie dann nicht mehr jede Woche krank. Bis dahin können Sie ihr ja beibringen, wie der Dosenöffner funktioniert, damit sie Sie mit Dosennudeln füttern kann, wenn Sie selbst zu schwach dafür sind.

MEIN KIND BRINGT SICH IN GEFAHR

Sie wässern den Garten hinterm Haus und fragen sich, ob die Tomaten, die Sie gepflanzt haben, je tragen werden. Hinter Ihnen fährt Ihr Sohn mit seinem Spielzeug-LKW den Hinterhof auf und ab. Sie bekommen nicht mit, dass das Geräusch der Räder irgendwann nicht mehr zu hören ist und dass Ihr Junge den LKW die paar Stufen hinunter in die Mitte des Gartens schleppt, wo das Spielhaus steht. Wie auch? Sie denken schließlich gerade über ein Bruschetta-Rezept nach.

Erst als Sie Ihren Sohn schreien hören, drehen Sie sich um. Der LKW balanciert ganz oben auf der Rutsche. Und Ihr Sprössling sitzt darauf. Er schreit nicht

etwa aus Angst. Er schreit, weil Sie ihm helfen sollen, den festgeklemmten Fuß zu befreien, damit er mit dem Plastikfahrzeug die Rutsche hinunter ins Glück sausen kann.

Sie kennen sich zwar nicht besonders gut aus im Filmbusiness, aber Sie sind sich sicher, dass keine Produktion einen dreijährigen Stuntman engagieren würde.

Dies ist ein neuer Vorstoß zu einer halsbrecherischen Heldentat, nachdem Ihr Sohn vorige Woche bereits seinen Mut bewiesen hat, indem er vom Sessel auf den Couchtisch sprang, das Bücherregal erklomm und auf dem Hund wie auf einem Shetland-Pony durch den Flur ritt.

Die blauen Flecken, Schürfwunden und sonstigen Verletzungen, die er sich dabei zuzieht, halten ihn nicht davon ab, sich an immer riskantere Kunststücke zu wagen. Sie befürchten, dass es mit zunehmendem Alter noch schlimmer wird, bis er schließlich bei dem Versuch, mit seinem Dreirad über eine Reihe Busse vor dem Caesar's Palace in Las Vegas zu springen, umkommt.

GELASSEN BLEIBEN Ihr Sohn wird sich tatsächlich weiterhin in Gefahr bringen und es besteht die Möglichkeit, dass er dabei mehr als eine Beule oder eine Schnittwunde abbekommt. Inzwischen hat er wahrscheinlich gesehen, dass Superman fliegen und der Hulk ein Auto in die Luft heben kann. In diesem Alter testet er seine Grenzen aus, findet heraus, was er kann und wo die dunklen Gassen im Viertel sind, falls er in seinen Spiderman-Anzug schlüpfen muss. Lassen Sie ihn daher alles tun, was nicht wirklich gefährlich ist. Wenn er von der Bank auf die Wiese hüpfen will, lassen

Sie ihn. Wenn er durch den Flur rasen und sich aufs Sofa stürzen will, ist das auch okay. Für ihn sind diese Dinge genauso aufregend und lehrreich wie mit dem LKW die Rutsche hinunterzufahren. Behalten Sie ihn im Auge und helfen Sie ihm vielleicht sogar, indem Sie ihm Tipps geben (z. B. »Beug die Knie beim Landen« oder »Wenn du in einer Mülltonne den Flur entlangrollen willst, nimm die aus Plastik«). Seien Sie sich im Klaren darüber, dass ein paar Schrammen normal und notwendig sind. So lernt Ihr Sohn, dass er eine umfangreiche Sicherheitsausrüstung braucht, wenn er einen Sprung von einem hohen Gebäude machen will, und am besten zusätzlich eine dramatische Musik zur Untermalung.

MEIN KIND LIEBT KNARREN

Ihr Sohn soll verstehen, dass Schusswaffen gefährlich sind. Klar, auch Sie haben als Kind Krieg gespielt, das Schlachtfeld im Nachbargarten gestürmt und die Truppen Ihres besten Freundes so weit wie möglich dezimiert. Aber das waren einfachere Zeiten, in denen Schnurrbärte noch nicht ironisch gemeint waren und die Fernseher klobiger als ein Buick.

Sie kontrollieren also alle Cartoons auf Schießereien, bevor Ihr Sohn sie zu sehen bekommt. Jedes Mal, wenn Sie an einem Polizisten vorbeikommen, der eine Waffe im Holster trägt, erklären Sie Ihrem Sohn, wie und warum sie benutzt wird. Sie wiederholen mantramäßig »Waffen sind kein Spielzeug« und erlauben nicht einmal Spielzeugpistolen bei sich zu Hause. Wenn Sie auf etwas zeigen, achten Sie darauf, dass Ihr Daumen unten bleibt, damit Ihr Sohn nicht auf die Idee kommt, Sie würden die Geste für eine Pistole machen – das würde nämlich unweigerlich den Weg zu echten Waffen ebnen.

Und dennoch: Trotz all Ihrer Vorsicht findet Ihr Sohn den Weg auch so. Ihnen fällt es zum ersten Mal auf, als er ein Auto malt. Er hält seinen braunen Stift vor sich und macht »Päng! Päng!«. Dann suchen er und seine Freunde im Park intensiv nach Stöcken, die im richtigen

Winkel gebogen sind. Und schließlich steht Ihr Junge wie Napoleon persönlich oben auf der Rutsche, zeigt auf einen Zug Soldaten und ruft seinen Truppen zu: »Nieder mit ihnen!« Sie zielen mit ihren Stöcken, feuern mit imaginären Kugeln quer über den Spielplatz und richten ein schreckliches Blutbad unter ihren – glücklicherweise nur imaginären – Feinden an.

GELASSEN BLEIBEN Die DNA enthält tatsächlich auch einige wenige unerwartete Dinge. Zum Beispiel eine Vorliebe für Prinzessinnen-Kleider, LKWs, Puppen und, jawohl, Waffen. Selbst wenn Ihre Tochter (oder Ihr Sohn) niemals Disney-Filme sieht und nichts über Erbmonarchien weiß, möchte sie (er) ein rosafarbenes Rüschenkleid und ein glitzerndes Diadem tragen. Mit Waffen ist es nicht anders. Außerdem wird Ihr Kind Informationen aufschnappen an Stellen, die Sie nicht unter Kontrolle haben – bei seinen Freunden, auf Filmplakaten. Reden Sie einfach weiter mit ihm über Vorsicht im Umgang mit Schusswaffen. Die Augenblicke zwischen den Schlachten, in denen Ihr Sohn den Spielplatz verteidigt, sind eine wunderbare Gelegenheit, das Thema zur Sprache zu bringen.

MEIN KIND MACHT ALLES KAPUTT

Alles kindersicher zu machen, schützt zwar Ihre Kinder, nicht aber Ihr Zuhause (oder alles andere) vor den Kindern. Nichts kommt unbeschadet davon – weder die Vorhänge noch die Armatur im Bad noch Ihre Psyche. Nicht einmal der neue Minivan.

Sie lieben diesen Van. Mit ihm ist es leicht, Ihre Tochter, einen Hund und was Sie sonst noch so an Zeug brauchen, herumzukarren. Der Geruch nach neuem Auto stimuliert Sie wie ein edles Parfüm oder ein Teller Fettuccine Alfredo. Aber neulich, als Sie für ein langes Wochenende in den Norden fuhren, erbrach Ihre Tochter eine Schnabeltassenmenge Milch in den Innenraum. Genaugenommen kam sogar mehr Milch aus Ihrer Tochter heraus, als sie getrunken hatte.

Nur drei Monate nach dem Kauf berappen Sie also eine ganze Stange Geld für eine Fahrzeugreinigung. Und obwohl Sie die Super-Premium-Wäsche gewählt haben, steigt Ihnen in der Hitze des Tages der feine Duft nach erbrochener Milch in die Nase, während Sie unterwegs sind, um Industrie-taugliches Reinigungsmittel zu besorgen, womit Sie das jüngste Meisterwerk Ihrer Tochter von der Wand des Gästezimmers zu entfernen hoffen.

Wie auch immer, wegen des ganzen Geldes, das Sie ausgegeben haben, kommen Ihnen beinah die Fettuccine Alfredo hoch, die Sie heute Mittag gegessen haben.

GELASSEN BLEIBEN Rollen Sie den Siebziger-Jahre-Wollteppich aus dem Second-Hand-Laden zusammen. Verstauen Sie die Filmfigur aus der limitierten Edition, die Ihnen Ihr Mitbewohner im Studium geschenkt hat. Die antiken Stühle, die Ihre Eltern Ihnen in der Hoffnung vermacht haben, dass sie eines Tages an ihr Enkelkind weitergegeben werden – nun, diese Erbfolge endet bei Ihnen, es sei denn, bald liegen einmal zersplitterte Möbel im Trend.

Sollte es irgendetwas geben, das Ihnen heiliger ist als Ihr Kind, räumen Sie es weg. Verschließen Sie es in einer Metallkiste und stellen Sie diese unerreichbar hoch auf ein Regal. Bedenken Sie, dass Ihr Kind vielleicht nicht in der Lage ist, die Kiste zu öffnen, aber wenn sie ihm zufällig in die Finger gerät, wirft es sie an die Wand oder Ihnen an den Kopf.

Sie können es schlicht und ergreifend nicht vermeiden – Ihr Kind wird Sachen zerstören. Ganze Blogs und Coffee-Table-Bücher sind dieser einfachen Wahrheit gewidmet. Darüber wütend zu werden, ist also genauso sinnvoll und lohnenswert wie den Mond anzubrüllen.

Und wenn Ihr Knirps ein Erdnussbutter-Marmelade-Sandwich in Ihren neuen Blu-Ray-Player schiebt und Sie nicht gelernt haben, in einer solchen Situation bloß mit den Schultern zu zucken, bekommen Sie einen Tobsuchtsanfall und brüllen doch den Mond an.

ENTWICKLUNG

MEIN JUNGE MAG MÄDCHENSPIELZEUG

Ihr Sohn hat von seinen Großeltern eine Batman-Höhle zum Geburtstag bekommen mit Aufzug, Bat-Computer und einer kleinen Zelle, um Gothams übelste Schurken einzubuchten. Nur Batman fehlt, weil Ihr Sohn meint, Tinkerbell sei das heldenhafte Wesen, das Gotham City gebührt.

Ja, Peter Pans kleine Freundin schwirrt in die Höhle hinein und wieder hinaus, verteilt Feenstaub und kämpft gegen das Verbrechen. Endete die Besessenheit Ihres Sohnes mit der winzigen Fee an dieser Stelle, würden Sie sich wahrscheinlich keine großen Sorgen machen.

Doch er will sich im Kindergarten als Tinkerbell verkleiden und das Kostüm auch beim Familientreffen am kommenden Wochenende tragen. Im Geiste gehen Sie alle Beleidigungen durch, die ihm die anderen Kinder an den Kopf werfen könnten. Und Sie überlegen, wie Sie Ihrem Vater am besten mitteilen, dass sein Enkel unbedingt ein grünes Schlauchkleid und Glitzerflügel tragen will.

Über das möglicherweise unangenehme Gespräch bei Hähnchenbrust am Tisch Ihrer Eltern denken Sie gar nicht erst nach. Hier geht es um mehr: Ist Ihr Sohn schwul, weil er so auf Tinkerbell abfährt? Falls ja, inwiefern müssen Sie wohl Ihre Erziehung darauf ausrichten? Sollten Sie sich mit einem Barbra-Streisand-Katalog vertraut machen?

Sie starren Ihren Sohn an, der gerade als Tinkerbell Joker verprügelt, und fragen sich, ob er mit einer Fee als Vorbild jemals ein glücklicher Erwachsener werden kann.

GELASSEN BLEIBEN Für Ihren Sohn ist Tinkerbell weder ein Mädchen noch ein Junge. Sie ist einfach nur eine Filmfigur, und dazu noch eine coole! Sie kann fliegen, sie kämpft für das, was sie will, und sie hat Peter Pan geholfen, Captain Hook zu besiegen. Sie ist genauso heldenhaft wie Batman und braucht weder eine Maske noch einen Gürtel voller Schnickschnack, um zu siegen.

Kinder wissen nichts von Geschlechtern. Sie verkleiden sich einfach gerne. Anzeigen, Magazine, Filme – all das trichtert ihnen die typischen Rollenklischees schon noch früh genug ein. Lassen Sie sie also so lange ohne diese Einschränkung spielen, wie sie es können. (Erzählen Sie *das* doch Ihrem Vater.)

Ein homosexuelles Kind erzieht man übrigens nicht

anders als andere. Wenn Sie sich also ernsthaft Sorgen machen, Ihr Junge könne schwul sein: 1. Kommen Sie drauf klar und 2. durch Tinkerbell wird er kein bisschen schwuler oder weniger schwul.

MEIN KIND WILL NICHT MIT ANDEREN SPIELEN

Jeder Versuch, Ihre Tochter dazu zu bringen, mit anderen zu spielen, hat zur Folge, dass sie heult und sich in eine ruhige Ecke verzieht, wo sie ungestört malen kann. Es wirkt, als würde sie sich auf die Kunsthochschule vorbereiten. Und Sie sind frustriert, weil Sie

sie in anderen Situationen als offen und freundlich erlebt haben, selbst mit Fremden. (Beinahe so, als habe man ihr beigebracht, sie solle auf jeden Fall immer mit Fremden mitgehen.) Doch aus irgendeinem Grund ist Ihr früher so kontaktfreudiges Kind zu einem empfindlichen Mauerblümchen geworden.

Sind *Sie* allerdings in der Nähe, will Ihre Kleine natürlich mit Ihnen spielen. Ihr ist es egal, dass Sie das Treffen organisiert haben, damit Sie sich einmal mit Erwachsenen und über etwas anderes unterhalten können als darüber, wie der Prinz aus dem Bilderbuch sein Geld verdient oder wie Ihre Tochter ihr imaginäres Pferd nennen soll. (Sie haben einen majestätischen Namen vorgeschlagen, so etwas wie Gallant, während Ihre Tochter eher für etwas Prosaisches wie Baby-Pupsi war. Und sie schämen sich sehr, weil Sie zwanzig Minuten mit ihr darüber diskutiert haben – vor allem, wenn man bedenkt, dass dieser Hengst überhaupt nicht existiert.)

Sie ermuntern Ihre Tochter, auf andere Kinder zuzugehen, und erinnern sie daran, dass sie die anderen *kennt*. Sie klebt jedoch an Ihren Beinen und versteckt sich hinter ihren Haaren. Weder Erklärungen noch sanftes Zureden können erreichen, dass sie sich entspannt und mit den anderen Kindern spielt.

Sie stellen sich ein Leben vor, in dem Ihr Mädchen Ihnen niemals von der Seite weicht und Ihre Beziehung den Charakter einer Co-Abhängigkeit bekommt. Sie denken darüber nach, ob sie zu unsicher ist, um später am Abschlussball teilzunehmen – ist es wohl sehr verschroben, in diesem Fall einen Ball zu Hause im engsten Familienkreis zu organisieren?

GELASSEN BLEIBEN Manche Kinder gehen aus sich heraus, andere sind schüchtern und bei manchen wechselt es. Ja, verdammt, bei manchen wechselt es sogar noch vor dem Mittagessen hin und her. Wenn Sie den Verdacht haben, bei Ihrem Kind könnte eine Entwicklungsstörung oder eine Form von Autismus vorliegen, sollten Sie das auf jeden Fall mit dem Kinderarzt besprechen. Aber Sie kennen Ihr Kind. Manche bleiben so schüchtern, dass es einem in der Seele weh tut, dennoch ist daran prinzipiell nichts auszusetzen. Doch wenn Sie sicher sind, dass es nur eine Phase ist, bringen Sie Ihre Tochter immer wieder in Situationen, die ihr die Gelegenheit geben, sich zu öffnen. Zwingen Sie sie jedoch nicht, das Vertrauen sollte sie aus sich heraus entwickeln. Wiederholungen sind hilfreich, also organisieren Sie regelmäßige, aber kurze Verabredungen mit denselben Kindern.

Und gehen Sie im Kontakt mit den anderen Eltern mit gutem Beispiel voran. Haben Sie also nicht das Gefühl, Sie müssten die ganze Zeit bei Ihrer Tochter bleiben, während sie sich verkriecht. Und das alles bedeutet nicht, dass Sie keinen Abschlussball bei sich zu Hause organisieren sollten – das klingt nämlich nach einer spitzenmäßigen Idee!

MEIN KIND MACHT WIEDER IN DIE HOSE

Ihr Kleiner kann schon lesen, obwohl er noch nicht in der Schule ist. Okay, er liest nicht »Die Korrekturen« oder auch nur »Die drei ???«, aber er wurstelt sich irgendwie durch »Vom kleinen Maulwurf, der wissen wollte, wer ihm auf den Kopf gemacht hat«. Bald wird er also wahrscheinlich James Joyces »Ulysses« in Angriff nehmen. Trotz dieser akademischen Leistungen begreift er anscheinend nicht, dass er sich nicht in die Hose machen soll.

Sie sind verwirrt, weil Ihr Sohn, der intellektuell schon so reif ist, in dieser Sache, die Sie als den allerwichtigsten Meilenstein überhaupt betrachten, so weit im Rückstand ist. Also, die *beiden* wichtigsten Meilensteine. Sie verstehen schon.

Nun, da er offiziell ein Kind ist und richtiges Essen wie Hackbraten und gebackene Bohnen zu sich nimmt, sind seine Hinterlassenschaften so viel … erwachsener als früher. Aber lassen wir den Punkt Hygiene einmal für einen Augenblick beiseite. Sie können das Thema nicht offensiv angehen, sonst entwickelt er möglicherweise irgendwelche Störungen. Sehr merkwürdige Störungen. Welche, wissen Sie nicht so genau, aber bestimmt solche, die dazu führen, dass er das Büro des Motels, in dem er arbeiten wird, mit eigenhändig ausgestopften Tieren schmückt.

Sie müssen unbedingt im Internet nachsehen, ob es Windeln für Jugendliche gibt, denn wenn Ihr Sohn nicht bald auf den Trichter kommt, wird er seine ganze Jugend hindurch auf Stühlen hin und her rutschen und wie eine Hühnerfarm stinken, während Fliegen ihn umschwirren. *Nur* Fliegen.

GELASSEN BLEIBEN Auch wenn Sie solche Zwischenfälle nicht ignorieren sollten, sind sie bei Kindern zwischen vier und fünf durchaus normal. Auch mit sechs noch, besonders bei Jungen. Damit Ihr Sohn diese Rückfälle überwindet, müssen Sie eine Taktik finden, auf die er anspricht. Im Gegensatz zu dem, was Ihnen vermutlich eingeschärft wurde, funktioniert ein Belohnungssystem ziemlich gut, und es beschert Ihnen später auch keinen Zwanzigjährigen, der denkt, er habe für jedes große Geschäft einen Preis verdient. (Die Belohnung sollte klein sein, keine Xbox, eher so etwas wie ein Aufkleber.) Sie können es auch mit einem Klo-Plan versuchen und Ihren Sohn alle dreißig oder sechzig Minuten auf den Topf setzen, auch wenn er nicht muss. So lernt er, auf die Signale seines Körpers zu achten. Und wenn Sie schon dabei sind, können Sie auch gleich den weisen Rat meines Schwiegervaters weitergeben: »Vertraue keinem Furz.«

MEIN KIND HASST DEN HOCHSTUHL

Wenn Sie Ihre Tochter in den Hochstuhl setzen, schreit sie und weigert sich, zu essen. Man könnte sie eventuell mit Regan aus *Der Exorzist* vergleichen, aber selbst dieses von Dämonen besessene Kind konnte sich besser mitteilen.

Die Kleine will runter vom Hochstuhl. Sie versuchen, sie abzulenken. Sie wedeln vor ihrem Gesicht mit ihrer Lieblingspuppe herum, falten ein kompliziertes Ballontier (es soll eine Giraffe sein, sieht aber eher wie eine Gebärmutter aus) und tanzen eine schwungvolle Gigue, bei der Sie sich etwas sehr Schmerzhaftes irgendwo ganz tief im Bein zuziehen, vermutlich ist es ein Bänderriss.

Aber Ihr Mädchen will von alldem nichts wissen. Es kontert mit einer Darbietung von wilden Schimpansen, die sich um einen Platz auf einem Ast streiten. Ihre Lautstärke und ihr emotionales Engagement steigern sich von Varieté zu Broadway. Ihre Tochter wirft den Kopf vor und zurück und klatscht löffelweise Pflaumenmus weg, und Sie befürchten allmählich, sie könne den Hochstuhl tatsächlich umwerfen, wodurch ihr Heulen und Schreien plötzlich eine echte Bedeutung bekämen.

Sie verstehen nicht, weshalb sie nicht essen will. Auf

Ihrer Liste von Dingen, die Sie am liebsten tun, steht Essen gleich hinter Schlafen und vor noch mehr Schlafen.

GELASSEN BLEIBEN Ooooh. Ihre Kleine demonstriert ihre Unabhängigkeit. Wie süß. Und wie nervig.

Um diese Ausbrüche zu unterdrücken, probieren Sie es mit Kompromissen wie »Jetzt essen wir und später spielen wir« oder »Wenn du das Schüsselchen schaffst, darfst du mir eine Weile beim Weinen zusehen.« Oder wenn Sie, wie die meisten, nicht viel von Bestechung halten, hören Sie einfach auf, sie zu füttern. Dadurch wird noch deutlicher, dass der Hochstuhl für die Mahlzeiten da ist. Und Sie bekommen mit, wenn Ihr Kind groß genug ist, um keinen mehr zu benötigen.

Wenn einer unserer Söhne gegen den Hochstuhl protestierte, drehten wir ihn vom Tisch weg, bis er sich beruhigt hatte. Im Grunde genommen gab ihm das die Gelegenheit für eine Pause. Falls Sie die Version der Amischen bevorzugen, können Sie es auch als »Meidung« bezeichnen. Diese Taktik machte unserem Sohn klar, dass seine Kommunikationsmethode ungeeignet ist. Zumindest aber zeigte sein Mund – der Ursprung des Gebrülls – von uns weg.

MEIN KIND DREHT AB, WENN ES AUFGEBRACHT IST

Das Bild des gefühlsbetonten Künstlers hat fast etwas Romantisches. Sie wissen schon, der grüblerische, clevere, kreative Typ, der um das perfekte Bild oder Gedicht ringt. Doch wenn der Künstler sich am liebsten mit Wachsmalfarben ausdrückt und beim Ausmalen noch ständig über den Rand kritzelt, erscheinen die starken Gefühlsausbrüche weniger berechtigt.

Als Ihr Sohn noch ein Baby war, konnten Sie seine Wutanfälle beenden, indem Sie ihn ablenkten. Doch nun ist er älter und auch wenn es verlockend und absolut machbar ist, können Sie ein Kindergartenkind nicht einfach niederringen. Inzwischen drückt Ihr Kind seine Verärgerung wie ein exzentrischer Bildhauer oder impulsiver Schriftsteller durch egomanische und durchaus physisch geprägte Tobsuchtsanfälle aus – Tränen, Geschrei und durch die Gegend geschleuderte Objekte inklusive. Er bekommt einen Heulkrampf, wenn eine Möhre runterfällt, ihm der Mittagsschlaf ungelegen kommt oder nicht genügend blaue Tassen sauber sind. Und Gott bewahre, wenn die neueste Folge *Bubble Guppies* nicht richtig aufgenommen wurde. Eine solche Ungerechtigkeit kann einen

Wutausbruch auslösen, der länger dauert als die Sendung selbst.

Sie versuchen, Ihren Sohn davon zu überzeugen, dass das, worüber er sich ärgert, nicht so wichtig ist. Doch er reagiert auf negative Gefühle in einer Weise, die eigentlich nur bei einer öden Vernissage in einer postmodernen impressionistischen Galerie angemessen wäre.

GELASSEN BLEIBEN Nehmen Sie doch einmal einen anderen Blickwinkel ein: Egal, was ihn aufgeregt hat, für *Sie* ist es nicht wichtig. Für Ihren Sohn ist es das Schlimmste, was seit der Trennung der Beatles geschehen ist. Anders als die Weinkrämpfe eines Babys, die normalerweise durch den Mangel an sprachlichen Ausdrucksmöglichkeiten verschlimmert werden, werden die Ausbrüche Ihres Kindergartenkinds dadurch verstärkt, dass es nicht das Rüstzeug hat, um mit seiner Enttäuschung, seiner Wut, seiner Traurigkeit und all den anderen Gefühlen, die Emo-Kids so haben, umzugehen. Auch wenn Sie Ihrem Sohn vermutlich Vorschläge gemacht haben (bis zehn zählen, sich auf seltsame Weise schütteln oder ein Bild von dem malen, weshalb er wütend ist, und darauf herumtrampeln), hat er diese Techniken offensichtlich noch nicht so richtig drauf. Sie können ja einem Schimpansen auch nicht einen Hammer in die Hand drücken und erwarten, dass er eine Gartenlaube baut. Nicht, dass Ihr Kind Ähnlichkeit mit einem Schimpansen hätte. Na ja, abgesehen von den Ohren vielleicht.

Wie auch immer, wenn Ihr Sohn sich in seine Wut hineinsteigert, rufen Sie ihm andere Möglichkeiten in Erinnerung, Emotionen auszudrücken, als ein Bilderbuch gegen die Wand zu schleudern. Irgendwann wird er es begreifen und in der Lage sein, seine Energie darauf zu lenken, mit dem, was ihn stört, zurechtzukommen. Und Sie können Spachtelmasse von Ihrer wöchentlichen Einkaufsliste streichen.

MEIN KIND WILL NICHT LERNEN

Sie haben nichts gegen Spiderman-Kostüme oder Hot-Wheels-Autos. Wenn diese und andere Spielzeuge am Erreichen von Lernzielen beteiligt wären, würde Ihr Sohn zu den Top-Schülern der Vorschulklasse gehören. Wahrscheinlich säße er auf einem komplexen, selbstgebauten Lego-Thron.

Dummerweise neigen die Leute, die Entscheidungen über Kinder und Lernziele fällen, eher zu altmodischeren und leichter zu bewertenden Methoden wie Lesefähigkeit oder Leistungen im Kunstunterricht. Und Ihr Junge hat an solchen Dingen so viel Interesse wie ein Steppenmurmeltier an Kammermusik.

Anders als die Kinder, die mit dem Lernstoff Schwierigkeiten haben, geht der Ihrem Sohn einfach völlig am Allerwertesten vorbei. Während es anderen Kindern Spaß macht, Buchstaben und Zahlen zu lernen, würde Ihres lieber den Großteil des Nachmittags schreiend durch den Garten rennen. Sie besorgen Hörbücher als Brücke zum Lesenlernen, Sie bringen Ihrem Sohn bei, mit einfachen Formen ein Haus zu zeichnen, ja, Sie fordern ihn sogar auf, die Apfelschnitze auf seinem Teller zu zählen, in der Hoffnung, dass ihm dies in Mathe hilft.

Sie tun, was Sie können, um Neugier bei ihm zu wecken – Sie bitten, verhandeln, brüllen und bestechen ihn. Keine Chance. Da Sie nach irgendeinem Anzeichen von Bildungsinteresse bei ihm lechzen, reden Sie sich ein, sein aus Holzklötzchen gebautes Raumschiff deute auf eine Karriere im technischen Bereich hin.

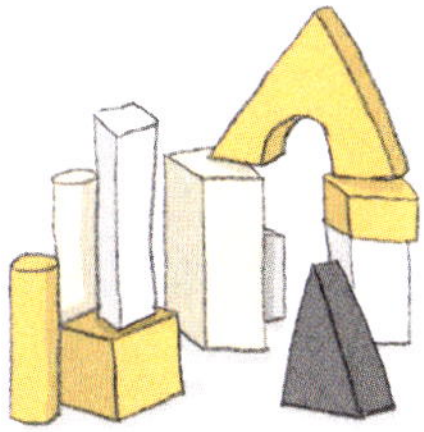

GELASSEN BLEIBEN Ob Sie's glauben oder nicht, beim Spielen lernt Ihr Sohn jede Menge. Eine Schiene für das Hot-Wheels-Auto zu bauen, ist Physik. Einen Tunnel aus Legosteinen zu erschaffen, Geometrie. Ihr Sohn ist zwar nicht gleich ein Stephen Hawking, wenn er den Ball die Treppen hinunterhüpfen lässt. Aber bei allem, was er tut, kann er etwas Wichtiges lernen. Spielen Sie Lego mit ihm und lassen Sie ihn die

Teile abzählen, die er benötigt. Spielt er *Star Wars*, können Sie mit ihm über Raumfahrt oder Laser reden. Irgendwann wird er sich auch für den regulären Unterrichtsstoff interessieren. Stellt er erst einmal die Verbindung zwischen Dingen wie Mathe und Jetfliegen oder Lesen und Archäologie her, wird er sich mehr Mühe geben. Und später einmal wird er sich wahrscheinlich nicht wundern, wenn Sie ihm seine Halloween-Süßigkeiten stehlen, um ihm etwas über die kriminellen Machenschaften der Nahrungsmittelindustrie beizubringen.

MEIN KIND IST KLEINER ALS ANDERE KINDER

Die Mutter, mit der Sie immer plauderten, wenn Sie Ihre Kinder zur Kindertagesstätte brachten, würde gerne ein Treffen Ihrer Kinder mit Ihnen verabreden. Als die Frau mit ihrer Tochter vorbeikommt, halten Sie das Kind zuerst für den Chauffeur, so groß ist es.

Sie hatten schon immer das Gefühl, Ihr Mädchen bleibe in punkto Wachstum hinter anderen zurück, und dieser Besuch bestätigt, dass irgendetwas nicht in Ordnung ist. Insbesondere, weil Ihre Tochter drei Monate älter ist als das andere Mädchen. Sie vermuten, dessen rasantes Wachstum müsse irgendetwas mit einem Job der Mutter auf der Rennbahn zu tun haben. Das Kind hat offensichtlich irgendwelche Pferdesteroide geschluckt.

Als das Treffen sich dem Ende zuneigt, ohne dass das Mädchen irgendwelche pferdeähnlichen Anwandlungen hatte, wird Ihnen klar, dass der Grund für die fünfzehn Zentimeter Größenunterschied in den besseren Genen zu finden ist. Bis zu diesem Augenblick war Ihnen nicht klar, dass Ihre schlecht sind. Doch nun steht da dieses hochgewachsene Kind, gegen das Ihr eigenes aussieht wie die Kleinwüchsige in der Freakshow eines Wanderzirkusses.

Ein Besuch beim Kinderarzt bestätigt, dass Ihre Tochter durchschnittlich groß und schwer ist. Die Sorgen nagen jedoch weiter an Ihnen. Sie geben ihr mehr Milch als sonst, laden ihr den Teller mit Essen voll, das reich an Kalzium und Vitamin D ist. Möchte Ihre Tochter einen Keks haben, halten Sie ihn so weit in die Höhe, dass sie sich strecken muss, um ihn zu bekommen. Nachts schleichen Sie sich in ihr Zimmer und ziehen an ihren Beinen.

GELASSEN BLEIBEN Ihr Kind erreicht seine Meilensteine in der geistigen wie in der körperlichen Entwicklung in seinem eigenen Tempo. Manche Kinder wachsen langsamer als andere. Und manche wachsen so schnell, dass Sie jedes Mal, wenn Sie sie sehen, die Eltern verdächtigen, schon wieder auf einem Kindertausch-Schwarzmarkt ein Kind gegen ein neues ausgewechselt zu haben. Gehen Sie weiter regelmäßig zu den Vorsorgeuntersuchungen und der Kinderarzt wird Ihnen sagen, ob Ihr Kind außergewöhnlich langsam wächst. Oder Sie verfolgen das Wachstum selbst mit den klassischen Strichen am Türrahmen. Die meisten Kinder wachsen irgendwann – und dann werden Sie beim Anblick der Türrahmen-Markierungen weinen.

MEIN KIND KANN DAS ALPHABET NICHT

Die Vorschulfreundin Ihrer Kleinen kann bereits das ganze Alphabet aufsagen, obwohl sie zwei Monate jünger ist als Ihre Tochter. Stolz fordert ihre Mutter sie bei jedem Treffen auf, die Buchstaben herunterzubeten, und das Mädchen kommt der Aufforderung mit einem feinen Lächeln nach, die kleine Angeberin. Super, das Alphabet können *Sie* auch, und irgendwann einmal in Ihrem Leben wussten Sie auch, wie man einen Satz in seine Bestandteile zerlegt. Fragt die Kleine doch mal nach ein paar Diphthongen, dann werdet ihr schon sehen, ob sie wirklich was draufhat.

Da es im Allgemeinen nicht gern gesehen wird, wenn man ein Vorschulkind bloßstellt, entscheiden Sie sich jedoch für einen positiveren Ansatz. Sie üben mit Ihrer Tochter das Alphabet beim Abendessen, nach dem Mittagsschlaf, morgens vor der Schule und während Sie ihr die Zehennägel schneiden. Sie singen Variationen des ABC-Liedes, für den Fall, dass sie lieber Country mag als Pop, oder vielleicht auch Reggae. Sie kaufen Alphabet-Bilderbücher, CDs, Blöcke, Magnete und Lernkarten. Sie fangen an, die Lehrmittel zu kritisieren. Gibt es keine anderen Wörter mit X als Xylophon? In dem Daumenkino steht nicht im Ernst ein Narwal bei N, oder? Wie elitär.

Bei Ihrer Tochter ist kein Fortschritt zu erkennen, Sie dagegen können das Alphabet mittlerweile buchstäblich (ha ha) auch rückwärts aufsagen. Apropos rückwärts: Ihre Tochter scheint Rückschritte gemacht zu haben. Sie kam schon mal ohne Holpern bis zum P, jetzt schafft sie es nicht einmal mehr bis zum H. Das letzte Mal, als sie das Alphabet durchgehen sollte, glauben Sie sogar gehört zu haben, wie sie eine Zahl murmelte oder die Hieroglyphe für eine Katze oder so etwas Ähnliches zeichnete. Sie fürchten, falls es nicht die absolut grundlegenden Bausteine von Kommunikation und Bildung auf die Reihe bekommt, ist Ihr geliebtes Tochterkind zu einem Leben verdammt, in dem es nur in Lokalen mit Bildern auf der Speisekarte essen kann.

GELASSEN BLEIBEN Ihr Mädchen wird es schaffen. Hier gilt dasselbe wie bei allen anderen Entwicklungsschritten: Kinder lernen in ihrem eigenen Tempo. Auch das Alphabet. Sie zum Auswendiglernen zu zwingen, könnte bewirken, dass sie überhaupt keine Lust mehr darauf hat. Sprechen Sie gegebenenfalls mit der Lehrerin Ihrer Tochter darüber, wie die Kinder in der Vorschule lernen. So können Sie entscheiden, ob Sie dieselbe Methode zu Hause anwenden wollen, um sie zu festigen, oder ob Sie lieber etwas anderes ausprobieren möchten. Ihre wichtigste Aufgabe ist es jedoch, geduldig zu sein. Die zweitwichtigste: zu erklären, dass L-M-N-O kein Wort ist. Ich habe das erst im vierten Semester an der Uni gelernt.

VERHALTEN

MEIN KIND RASTET AUS, WENN ES NICHT KRIEGT, WAS ES WILL

Ihr lieber, krähender Sohn hat Laufen gelernt und kommt gut mit dem Sprechen zurecht. Endlich zeigt sich bei ihm die sehnlichst erwartete Unabhängigkeit. Aber nun hat er einen gewaltigen Sprung vom süßen Kind zu Kaiser Wilhelm II. gemacht und glaubt, er sei der Boss.

Sie haben versucht, vernünftig mit ihm zu sprechen, und ihm erklärt, dass es so nicht läuft. Sie liefern Indizien, führen zum Beispiel die Tatsache an, dass Sie einen High-School-Abschluss besitzen und den ganzen Weg zum Laden und zurück gehen können, und *trotzdem* nicht der Boss sind. Aber das stößt bei ihm auf taube Ohren. Und wenn Sie nicht ebenfalls der Meinung sind, ein Eis am Stiel um sieben Uhr morgens sei als Frühstück völlig in Ordnung, müssen Sie mit einem gewaltigen Wutausbruch rechnen.

Scheiß auf Hinterzimmerdiplomatie, scheiß auf geheime Vereinbarungen. Es gibt keine effektivere Methode, das zu bekommen, was man will, als schreien, weinen, treten und um sich schlagen. (Ich bin nicht besonders gut in Geschichte, aber ich meine, das war genau die

Taktik von Kaiser Wilhelm II.). Ihr Sohn weiß das: Der einzige Ausweg, den Sie sehen, die einzige Möglichkeit, ihn zum Aufhören zu bringen, ist – die Kapitulation. Letztlich bleibt Ihnen nichts anderes übrig: Sie geben ihm das Eis und reden sich ein, es zähle als eine Portion Obst.

Während Sie ergeben zulassen, dass er eine geschmolzene, gelbe Masse in Ihrem Gesicht und auf Ihrem Hals verschmiert, kullern Ihnen still die Tränen herunter. Sie wagen nicht, ihn aufzuhalten, denn dann würde ein erneuter Wutanfall drohen.

GELASSEN BLEIBEN Es ist hart. Nach einem langen Tag ist der Tobsuchtsanfall eines Kleinkinds ungefähr so angenehm wie an einen Stuhl gefesselt zu sein, während Ernie sich über einen beugt und auf Alufolie herumkaut. Doch wenn Sie immer wieder zu heftig reagieren – oder, noch schlimmer, einknicken –, lernt Ihr Sohn, dass er genau auf diese Weise seinen Willen bekommt.

Vergessen Sie nicht: Ihr Sohn ist kein Arschloch … er verhält sich nur so. Sie müssen ihm Dinge wie Geduld, Mitgefühl und Dankbarkeit beibringen – und dass Sie ihm das Piratenspielset erst kaufen können, wenn Sie Ihr Gehalt auf dem Konto haben.

Wenn Ihr Sohn ausrastet, bleiben Sie ruhig. Erklären Sie ihm, dass er das, was er will, jetzt nicht haben kann, aber bieten Sie ihm einen Kompromiss an. Wenn er weiter aufdreht, probieren Sie es mit geeigneten Konsequenzen oder verlassen Sie einfach kurz den Raum. Auf diese Weise sind Sie nicht mehr an der Situation beteiligt. Außerdem können Sie selbst auf diese Weise etwas runterkommen. Oder Sie fesseln Ihren Sohn an einen Stuhl und engagieren Ernie, damit er sich über ihn beugt und auf Alufolie herumkaut.

MEIN KIND HÖRT NICHT AUF MICH

Sie setzen Grenzen. Keine unvernünftigen, nur welche, die eine gewisse Ordnung aufrechterhalten – nicht erlaubt ist es zum Beispiel, auf die Arbeitsplatte zu klettern, vor dem Abendessen etwas zu knabbern, das Auto des Nachbarn für eine Spritztour zu klauen. Diese Regeln sind klar. Wären sie noch klarer, müssten Sie diese schwarzen Vogelsilhouetten daraufkleben, damit keine Vögel hineinfliegen.

Doch obwohl Ihr Töchterchen diese Regeln gut genug kennt, um sie Ihnen vorzuhalten, missachtet sie sie bei jeder Gelegenheit. Wenn Sie den Raum verlassen, um sich ein Glas Wasser zu holen, bekommen Sie einen panischen Anruf von Ihrem Nachbarn: Ihre Tochter ist gerade in seinem Hyundai Sonata mit quietschenden Reifen die Straße hinunter gefahren. Die Kombination aus offenem Ungehorsam, Wagemut und Ignoranz eignet sich hervorragend für eine Karriere im Reality-TV.

Um zu überprüfen, ob dieses Verhalten tatsächlich aktiver Ungehorsam ist, ermahnen Sie sie, die Rutsche auf dem Spielplatz nicht mit dem Kopf voran zu benutzen. Sie sieht Ihnen in die Augen, legt sich auf den Bauch und rast mit einem teuflischen Grinsen die Rutsche hinunter. Würden Kindergartenkinder weiße Handschuhe tragen, hätte sie einen ausgezogen und Ihnen damit ins Gesicht geschlagen.

GELASSEN BLEIBEN Auch wenn die Art und Weise, wie meine Frau Billard spielt, das Gegenteil vermuten lässt: Regeln sind *nicht* dazu da, um gebrochen zu werden. Sicherlich haben Sie Ihrer Tochter erklärt, weshalb diese Regeln gelten. Haben Sie das getan, während Sie gleichzeitig mit ihr schimpften, ist die Botschaft jedoch unter Umständen nicht bei ihr angekommen, weil sie nur die Zurechtweisung, nicht die Erklärung registriert hat.

Wählen Sie einen ruhigen Moment, um die Regeln, die in Ihrer Familie gelten, noch einmal anzusprechen und zu begründen. Reagieren Sie *sofort* mit Konsequenzen, wenn Ihre Tochter sie bricht, nicht erst nach einer Warnung. Abgesehen davon wollen wir alle gerne mal bei einem Streit die Oberhand behalten, also lassen Sie Ihrer Tochter bei Gelegenheit ihren Willen – erlauben Sie ihr zum Beispiel gelegentlich, vor dem Abendbrot etwas zu knabbern. Solange Sie deutlich machen, dass es eine Ausnahme ist, wird sie so ein wenig durch das Gefühl von Freiheit und Macht besänftigt und davon abgehalten, den Kombi der Nachbarn kurzzuschließen.

Aller Wahrscheinlichkeit nach gibt es jedoch bald einen »lehrreichen Moment«, in dem Sie ihr vorhalten können: »Ich hab's ja gesagt.« So befriedigend dieser Augenblick für Sie auch sein mag – eigentlich wollen Sie sie ja nur davon abhalten, sich den Arm zu brechen, oder zumindest dafür sorgen, dass sie keine Reifenspuren auf der Straße vor dem Haus hinterlässt.

STRAFEN SIND VOLLKOMMEN NUTZLOS

Ihnen fällt einfach nichts mehr ein, um unangemessenes Verhalten zu sanktionieren. Sie haben es mit Time-Outs versucht, mit dem Entzug von Privilegien, ja, Sie haben Ihrem Kind sogar geliebtes Spielzeug weggenommen, aber nichts davon wirkt. Sie haben sich geschworen, es niemals zu schlagen, aber allmählich wird Ihnen klar, dass diese gute Absicht möglicherweise doch dadurch zunichtegemacht wird, dass Sie ihm den Hintern versohlen. Vielleicht mit einem Ruder. Was bleibt Ihnen anderes übrig?

Durch Strafen sollen Kinder schließlich zu besseren Menschen werden und den Unterschied zwischen Richtig und Falsch lernen. Wenn Sie ihre völlige Missachtung des Anstands ignorieren, dauert es nicht lange, und die Kinder haben das Zepter in der Hand. Dann herrscht zwar eine gewisse Ordnung bei Ihnen zu Hause, aber es ist eine primitive Ordnung, durchgesetzt von Ihrem ungebärdigen Nachwuchs. Wenn Sie mit Strickwolle an den Kühlschrank gefesselt sind, Ihr wildes Kind um Sie herumtanzt und seinen Spielspeer in die Höhe reckt, müssen Sie wenigstens nicht zu dieser blöden Verabredung.

Sie befreien sich mit Hilfe des Le-Creuset-Korkenziehers und rasen zur Tür. Auf der Flucht kommen Sie an einem aufgespießten Schweineschädel im Flur und einem zerbrochenen Muschelhorn im Wohnzimmer vorbei. Hinter sich hören Sie das Fußgetrappel der herannahenden Meute. Sie wollen Sie zur Strecke bringen. Diese Barbarei wird kein Ende haben, bevor die Hütte nicht abgebrannt ist. Und Sie sind sich nicht sicher, ob Ihre Versicherung im Fall eines Kinderaufstands für den Schaden aufkommt.

GELASSEN BLEIBEN Kinder testen Grenzen aus. Bleiben Sie konsequent und geduldig. Irgendwann wird Ihrem Sohn die volle Bedeutung der Strafen, die Sie ihm auferlegt haben, dämmern, besonders, wenn ihm klarwird, dass der Thomas-Zug, den Sie auf das oberste Brett des Vorratsregals gelegt haben, tatsächlich eine ganze Woche dort bleibt.

Vergessen Sie aber auch nicht die Macht positiver Verstärkung. Zu zeigen, wie sehr Sie vernünftiges Verhalten schätzen, funktioniert oft besser als Strafen bei Fehlverhalten. Ich meine damit nicht, dass Sie Ihrem Sohn ein neues Fahrrad kaufen müssen, wenn er die Schuhe auf Ihre Aufforderung hin anzieht. Nehmen Sie etwas Einfaches. Wenn alles gut läuft und er mit Ihnen kooperiert, bedanken Sie sich bei ihm. Oder, falls das in Ihrer Familie üblich ist, klatschen Sie sich ab.

Wir tun das übrigens nicht häufig, auch Fist-Bumps sind bei uns eher selten. Dafür zeigen wir oft die Pommesgabel. Was natürlich wiederum *meinen* Eltern Kummer bereitet.

MEIN KIND HAT KEINEN RESPEKT VOR TIEREN

Ihr Haus ist sehr, sehr, sehr schön. Im Garten halten Sie zwei Katzen, die Ihr Kind vermutlich bald wie ein Linebacker tackeln wird, wenn sie nicht bei drei auf den Bäumen sind.

Sie haben sich ein idyllisches Familienleben mit einer Menagerie von Haustieren vorgestellt; für Ihre Tochter sind Tiere jedoch nichts als vollautomatische Spielzeuge, deren Batterien nie leer sind. Sie streichelt sie ziemlich ruppig, benutzt sie als Kissen und stellt ihre Geduld derart auf die Probe, dass Sie gerne den Papst fragen würden, ob eine getigerte Perserkatze heiliggesprochen werden kann.

Wenn jemand mit seinem Hund vorbeispaziert, rennt Ihre Kleine dorthin und begrüßt den fremden Hund mit einem Nasenkuss. Sie reißen sie jedes Mal im selben Moment am Pullover zurück, in dem auch der Hundehalter seinen Hund an der Leine von ihr wegzieht. Sie ermahnen Ihre Tochter, dass sie sich Tieren vorsichtig nähern und zuerst den Besitzer fragen soll, ob sie das darf, weil der süße Hund sonst vielleicht von ihrem süßen Näschen nascht.

Ein verängstigter Hund, der schnappt, das klingt

schon übel. Aber wenn Ihre Tochter sagt, sie würde gerne beim nächsten Zoobesuch in ein Gehege gehen, wird Ihnen das volle Ausmaß der Gefahr bewusst. Wie könnten Sie jemals wieder beim monatlichen Treffen Ihres Literatur-

zirkels erscheinen, wenn alle Mitglieder wissen: Sie haben zugelassen, dass Ihre Tochter von einem Königstiger angegriffen wurde?

Nachdem Sie Ihre Zoo-Mitgliedschaft gekündigt haben, konzentrieren Sie sich auf die häuslichen Probleme. Sie müssen irgendwie verhindern, dass Ihre Tochter als Kauspielzeug endet.

GELASSEN BLEIBEN Die gute Nachricht: Vermutlich ist der Umgang Ihrer Tochter mit Tieren so, weil sie sie liebt. Wenn sie nicht auf Sie hört, gehen Sie mit ihr zu einem Experten. Nein, ich meine keinen Erziehungsexperten, sondern einen für Tiere.

Besuchen Sie einen Streichelzoo oder einen Bauernhof, also irgendeinen Ort, an dem Menschen beruflich mit Tieren Umgang haben. Wahrscheinlich erzählen diese Ihrer Tochter nichts anderes als Sie (fass dem Tier nicht ins Gesicht, lass es an deiner Hand schnuppern usw.), aber vielleicht muss Ihre Tochter das mal von jemand anderem hören als dem, der ihr lustige Brote macht.

Die einzige andere Lösung ist, als Bär verkleidet spätabends aus ihrem Schrank zu springen. Das wird sie von ihrer Tierliebe heilen. Außerdem wird sie in ihrer Klasse als das einzige weißhaarige Kind etwas ganz Besonderes sein.

MEIN KIND VERSTEHT NICHT, WAS KONSEQUENZEN SIND

Das Konzept von Ursache und Wirkung ist ja eigentlich ziemlich einfach. Zum Beispiel schmilzt Eis durch Wärme, weshalb die Packung Eiscreme, die auf der Arbeitsplatte stehen gelassen wurde, nun nur noch eine süße Soße enthält. Oder: Wenn Ihr Sohn auf einem Sofakissen die Treppe hinunterrutscht, wird er unweigerlich die dekorative Vase auf dem Absatz umwerfen. Das macht Sie wiederum so wütend, dass ein Blutgefäß in Ihrem Auge platzt, und Sie ausgerechnet an Ihrem kinderfreien Abend wie eine Art dämonisches Wesen aus dem Moor aussehen. Da haben wir's: Ursache und Wirkung … und Wirkung und Wirkung.

Ihr Kind versteht nicht nur diesen simpelsten aller Zusammenhänge nicht, sondern weigert sich auch noch zu erkennen, dass Fehlverhalten irgendeine Art von Bestrafung nach sich zieht. Ob Sie die gängigen Bestrafungsmethoden (wie Time-Outs oder den Entzug von Privilegien) ablehnen oder drastischere Maßnahmen befürworten (Disney-DVDs aus dem Fenster werfen und das Sparbuch fürs Studium in Las Vegas auf den Kopf hauen) – die Unfähigkeit Ihres Kindes, die Verbindung zwischen Regelüberschreitung und einer passenden Reaktion herzustellen, verblüfft Sie.

Wenn Sie sich mit Ihrem Sohn hinsetzen, um mit ihm zu reden oder um andere Konsequenzen anzukündigen, versteht er wirklich nicht, warum. Sie erklären ihm: »Ich habe dir gesagt, du sollst den Senf nicht überall verteilen, weil du sonst Ärger bekommst.« Während gelbe Gewürzsoße von der Schranktür tropft, zeigt er sich angesichts Ihrer Reaktion jedoch erbittert. Sie warnen ihn, dass die Polizei nicht so verständnisvoll mit demonstrativer Unwissenheit umgeht und auch keine Beschreibungen von einer Rakete, die zu dem aus belegten Sandwiches bestehenden Mond fliegt, akzeptieren wird.

GELASSEN BLEIBEN Er wird es kapieren. Das ist eines der Probleme, bei denen Sie einfach nur konsequent bleiben müssen. Sie haben es mit einer unangenehmen Mischung aus Entdeckerfreude, Lernen und vermutlich reinem Solipsismus zu tun.

Durch Wiederholungen wird die Botschaft irgendwann ankommen. Kinder testen ihre Grenzen auf verschiedene Arten und in verschiedenen Entwicklungsstufen aus (siehe Grundschule, Highschool, Universität, Erwachsenenleben). Es ist übrigens gut möglich, dass

Ihr Sohn tatsächlich versteht, dass schlechtes Benehmen geahndet werden muss, die Gültigkeit dieser Annahme aber mit seiner Senfrakete testen will.

ERZIEHUNGSSTILE & -TECHNIKEN

DIE KLAMMERAFFEN-METHODE

Bindungsorientierte Erziehung (*Attachment Parenting*), das klang nach der perfekten Methode für Sie und Ihre Tochter. Sie haben unendlich viel Liebe zu geben. Außerdem hatten Sie geglaubt, auf diese Weise die ideale Beziehung zwischen Ihnen und Ihrem Kind aufzubauen – eine, die über die typische Bindung zwischen den meisten Eltern und Kindern hinausgeht, eine, die ein strahlendes Leuchtfeuer für alle anderen sein und die Macht der Liebe und die Freuden der Elternschaft verkünden würde.

Nur dass Sie jetzt das Gefühl haben, in einem Meer der Bedürftigkeit zu ertrinken. Während Sie sich stundenlang um Ihr quengelndes Kind kümmern, denken Sie nur noch darüber nach, wann Sie den nächsten Martini trinken können.

Sie versuchen, sich an die Prinzipien der bindungsorientierten Erziehung zu halten, emotional verfügbar und aufmerksam zu sein. Aber manchmal möchten Sie einfach nur weg. Ja, Sie wollen auf einen Dampfer springen und allein nach Belize schippern. In der Werbung sieht es immer hinreißend aus, wenn das Kind mit den Eltern im Bett schläft, aber die pummeligen Beinchen

Ihres Babys haben Ihnen inzwischen so viele Tritte verpasst, dass Sie sich nach einem von innen verschließbaren Floating-Tank sehnen.

GELASSEN BLEIBEN Sie sind keine Niete, nur weil sie gelegentlich etwas Raum für sich brauchen. Nein, Sie sind ein ganz normaler Mensch. Na los, gönnen Sie sich den Martini.

Wenn Sie sich nicht ab und zu etwas Zeit für sich nehmen, könnte es sein, dass Sie durchdrehen und sich eines Tages in einer hitzigen Debatte mit einem Einkaufswagen befinden, während Sie auf dem Kopf einen Suppentopf als Hut tragen. (Selbst die Prinzipien der bindungsorientierten Erziehung erfordern »Balance im eigenen Leben«, um negative Effekte zu vermeiden.)

Falls bindungsorientierte Erziehung etwas für Sie ist, nur zu. Es gibt haufenweise Anlaufstellen da draußen, bei denen Sie im Zweifel um Rat fragen können. Aber erzwingen Sie keinen Erziehungsstil, der nicht zu Ihnen oder Ihrem Baby passt. Probieren Sie verschiedene aus – oder picken Sie sich die Rosinen aus mehreren heraus – und schauen Sie, mit welchem Sie und Ihr Baby am besten zurechtkommen.

Sie können natürlich auch jederzeit gelassen bleiben. Ich meine ja nur.

SCHMALSPURERZIEHUNG

Sie wollten Ihre Kinder nicht mit Aktivitäten überladen und pflegen zu Hause eine eher entspannte Zeitplanung. Verabredungen zum Spielen finden statt, wenn und wann es Ihnen passt. Freizeitaktivitäten organisieren Sie manchmal, wahrscheinlich, vielleicht. Und diese Buntbarschfilets im Kühlschrank müssen Sie wahrscheinlich wegwerfen, wenn Sie sie nicht heute verarbeiten, aber Ihr Kleiner möchte so gerne wieder Hotdogs. Und Hotdogs sind ja auch super, nicht wahr?

Ihr Sohn bekommt viel Zeit und Raum, um sich selbst zu beschäftigen, zu spielen und zu entwickeln. Und Sie können solange ausspannen. Sie sehen, wie andere Mütter und Väter durch den Stress, einen vollgepackten Terminplan zu erfüllen, graue Haare bekommen. Im Vergleich zu denen sind sie so entspannt wie ein Marihuana-Farmer in einer Trommelgruppe.

Wenn Ihre Mutter voller Panik anruft, weil sie sich ausgeschlossen hat und das Bügeleisen wahrscheinlich noch an ist, müssen Sie sich jedoch beeilen. Schnell anziehen, aber wo ist das Kind? Als Sie Ihren Sohn zuletzt gesehen haben, baute er eine Rennbahn für seine Autos. Wann war das? Dienstag? Sie finden ihn schließlich bei den Nachbarn, wo er ohne Ihr Wissen seit einer Woche lebt.

Sie flehen ihn an, sich die Schuhe anzuziehen, und trödelnd kommt er Ihrer Bitte nach. Er schafft es immerhin in einer halben Stunde. Sie merken, dass Ihre demonstrative Gelassenheit zu bröckeln beginnt, und während er langsam zum Auto schlendert, herrschen Sie ihn an, er solle sich beeilen. Dieser Anpfiff kommt für ihn so unerwartet, dass er zusammenbricht, und sich Ihre Abfahrt dadurch noch weiter verzögert. In der Ferne hören Sie die Sirenen der Feuerwehr, die auf das schwelende Gerippe zurast, das einst das Haus Ihrer Mutter war.

GELASSEN BLEIBEN Ihrem Kind Zeit zum Entspannen und Spielen zu geben, hat viel für sich. Dennoch sollten Sie im Leben Ihres Kindes anwesend sein. Minimalistische Erziehung bedeutet, den Terminplan nicht zu voll zu packen, nicht, mit dem Elterndasein ganz abzuschließen. (Dasselbe gilt übrigens für CTFD.) Ihr Kind muss immer noch wissen, wie es pünktlich zur Schule kommt, dass es wirklich verboten ist, die Katze lila anzumalen, und dass Sie nicht einfach nur ein Möbelstück sind, das ihm von Zeit zu Zeit die Haare kämmt.

GUT GEBRÜLLT, TIGER?

Sie haben »Die Mutter des Erfolgs« gelesen, und fanden, Amy Chuas gefühlsbetont-aggressive Methode sei eine erfrischend schockierende Alternative zu dem Geschnatter und Getue der bindungsorientierten und minimalistischen Eltern auf dem Spielplatz. Sie sind schon immer gegen den Strom geschwommen. Sie sind verwegen, draufgängerisch. Sie haben sogar ein Tattoo.

Also haben Sie sich für die Methode der Tigermutter entschieden. Sie geben Ihrer Tochter die Karten zum Muttertag zurück, weil sie Ihren Ansprüchen nicht genügen. Zum Spielen mit anderen verabreden Sie Ihr Kind möglichst selten. Ihre Liebe ist ein seltenes Geschenk, das Ihr Kind nur bekommt, wenn es in der Schule Spitzenleistungen erbringt, wie zum Beispiel eine Maschine zu erfinden, die mit Abwasser angetrieben wird. Merkwürdigerweise hasst Ihr Kind Sie für all das.

Sie sagen sich, es sei in Ordnung, dass Ihre Tochter sich Ihnen emotional nicht sehr verbunden fühlt. Zwar ziert Ihr Gesicht eine Zielscheibe im Kinderzimmer, aber wenigstens gehört das Mädchen in der Schule zu den Besten. Möglicherweise bekommen Sie niemals Ihre

Enkel zu sehen und niemand erscheint bei Ihrer Beerdigung. Na und? Solange Ihre Tochter nur Einsen im Zeugnis hat, ändern Sie Ihren Kurs nicht.

Sie sind eine Tigermutter. Tiger kuscheln schließlich auch nicht auf dem Sofa. Tiger werden nicht liebevoll von ihren Töchtern umarmt. Und Umarmungen werden sowieso überbewertet.

GELASSEN BLEIBEN Nur um das klarzustellen, denn in der Aufregung um Chuas Buch ging die ganze Geschichte etwas unter: Sie hat ihre Autobiografie geschrieben, keinen Ratgeber. In den Jahren nach der Veröffentlichung von »Die Mutter des Erfolgs« räumte Chua sogar ein, dass einige ihrer Erziehungsmethoden falsch gewesen seien. Und eine Studie der Universität von Texas zeigte, dass leistungsorientierte Erziehung in Wahrheit den gegenteiligen Effekt hat – die Kinder bekommen schlechtere Noten und neigen zu Depressionen. Lassen Sie sich also wie ein *echter* Tiger von Ihren Instinkten leiten. Spricht Ihr Kind gut auf positive Verstärkung an, dann nutzen Sie sie. Wenn es Aufgaben lieber selbst bewältigt, erlauben Sie ihm das. Diese Methode nennt man übrigens schlicht und einfach »Erziehung«.

Falls Sie es noch nicht wussten: Tiger eignen sich nicht als Haustiere.

HELIKOPTER-ELTERN

Auf dem Spielplatz sind Sie nie weiter als eine Armlänge von Ihrem Sohn entfernt. Wenn er nach draußen geht, um Fahrrad zu fahren, ziehen Sie ihm eine Rüstung an und stellen sicher, dass er nicht schneller fährt als eine Gartenwegschnecke (natürlich sind Sie die ganze Zeit an seiner Seite). Auf dem Geburtstag eines Kindergartenfreundes halten Sie ihn davon ab, mit den anderen Kindern auf einen Baum zu klettern. Das bewahrt ihn vor möglichen Verletzungen und zeigt außerdem, dass Sie umweltbewusster sind als Ihre Bekannten.

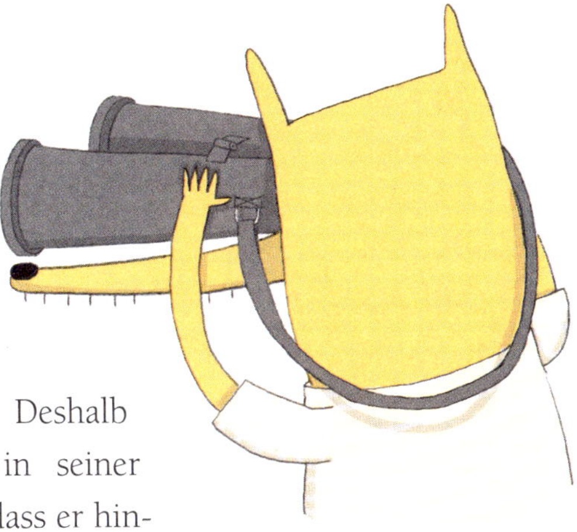

Sie gehören zu der Spezies der Helikoptereltern und sehen nicht, was daran falsch sein soll. Sie möchten nicht, dass Ihr Sohn sich weh tut. Deshalb bleiben Sie immer in seiner Nähe – für den Fall, dass er hinfällt, stolpert oder gar aussieht, als müsse er niesen. In den seltenen Augenblicken, in denen Sie dann doch von seiner Seite weichen, recherchieren Sie im Internet nach einem Schaumgummi-Anzug, der ihm passen könnte.

Stolpert Ihr Junge tatsächlich einmal und verfehlt Ihre ausgestreckte Hand, weint er herzzerreißend. Das allein ist schon Grund genug, ihn zu schützen. Sein Aua sieht zwar nur wie ein winziger, unblutiger Kratzer aus, aber seiner Reaktion nach zu urteilen ist es etwas Ernstes. Sie überlegen, mit ihm in die Notaufnahme zu fahren, um jegliche Zweifel über gebrochene Knochen oder andere innere Verletzungen auszuräumen. Währenddessen wiegen Sie ihn in den Armen und verfluchen sich im Stillen dafür, ihn nicht vor diesem schrecklichen Unfall bewahrt zu haben. Sie schwören sich, Ihre Anstrengungen künftig zu verdoppeln, und machen sich daran, selbst einen gepolsterten Anzug in seiner Größe zu nähen.

GELASSEN BLEIBEN Beulen, blaue Flecken, Kratzer und Schnitte sind schmerzhaft. Aber wenn Ihr Kind niemals welche bekommt, lernt es nicht, zwischen solchen zu unterscheiden, die es mit einem Achselzucken abtun kann, und solchen, die herzzerreißendes Weinen rechtfertigen.

Eine der härtesten Aufgaben für Eltern ist, ihren Kindern zu erlauben, körperliche Risiken einzugehen und, jawohl, sich dabei gelegentlich zu verschätzen. Helikoptereltern verstärken die Tendenz, Verletzungen überzubewerten, häufig, indem Sie Ihr Kind an sich reißen, um es zu hätscheln und bei seiner Panik mitzumachen.

Passen Sie also auf – etwas Trost ist super, aber übertreiben Sie nicht. Können Sie den Schmerz ignorieren, wenn Sie sich den Zeh gestoßen haben, kann Ihr Kind es auch. Und ziehen Sie sich das rein: Einmal habe ich auf dem Spielplatz einen Vater getroffen, der zugab, zur überbehütenden Sorte Eltern zu gehören. Ich dachte, das sei ein Scherz, weil wir uns in dem Gespräch über unsere Erziehungsfehler lustig machten. Einige Minuten später beobachtete ich jedoch, wie er seinen Sohn auf der Schaukel anschubste. Er hatte offenbar so viel Angst, sein Sechsjähriger könne sich weh tun, dass er ihm extrem wenig Schwung gab. Die Schaukel bewegte sich kaum. Der Junge sah unglücklich aus.

KEKSE

GRENZENLOSE LIEBE

Sie pflegen, die Dinge zu nehmen, wie sie kommen. Wenn Ihre Tochter im Restaurant schreit, bestechen Sie sie mit Eis. So hat sie praktischerweise auch gleich den Mund voll. Wenn sie, obwohl bereits Schlafenszeit ist, noch aufbleiben will, um das Ende von *Schneewittchen* zu sehen, erlauben Sie es ihr. Das ist einfacher, als einen (weiteren) Wutausbruch zu ertragen.

Bloß dass das nicht stimmt. Mit jeder Woche wird Ihre Tochter fordernder. Und wenn Sie ihr klare Grenzen setzen, ignoriert sie sie und steigert sich in einen rasenden Wutanfall von epischen Ausmaßen hinein, der die Fensterscheiben erbeben und die Alarmanlagen der umstehenden Autos losgehen lässt.

Ihnen fällt außerdem auf, dass Ihre Tochter sich nicht gut auf andere Kinder einstellen kann. Sie besteht auf Regeln, die ihr im jeweiligen Spiel nützen, und unterbricht absichtlich ihre Spielkameraden bei dem, was sie gerade tun. Wenn sie sich auf dem Spielplatz nicht durchsetzen kann, schubst sie die anderen Kinder oder schreit sie an. Ihnen erscheint das alles sehr merkwürdig, schließlich verhalten Sie selbst sich niemals so … na ja, abgesehen von dem Auslandssemester in Florenz, aber damals haben ja alle herumexperimentiert.

Um sie dazu zu bringen, netter zu den anderen zu sein, bieten Sie ihr an, auf dem Rückweg beim Spielzeugladen anzuhalten, wenn sie ihr Verhalten ändert. Zu Ihrer Freude funktioniert es und kostet Sie nur vierzig Dollar. Sie überschlagen das schnell im Kopf und kommen zu dem Ergebnis, dass Sie bei diesem Tagessatz mit etwa 200 000 Dollar rechnen müssen, wenn Sie wollen, dass Ihre Tochter sich anständig verhält, bis sie erwachsen ist.

GELASSEN BLEIBEN Auch wenn Sie es vielleicht nicht wissen: Sie praktizieren das, was man permissive Erziehung nennt. Das ist der vornehme Ausdruck für »Sie haben Ihr Kind zu sehr verwöhnt«. Um Konfrontationen mit Ihrer Tochter möglichst aus dem Weg zu gehen, haben Sie ihr im Grunde genommen beigebracht, dass sie haben kann, was sie will, wenn sie nur genug Rabatz macht. Diese Methode funktioniert vielleicht wunderbar, wenn man allein in einer Höhle lebt, aber sie eignet sich nicht besonders, um Sozialverhalten zu erlernen.

Doch noch ist es nicht zu spät. Wappnen Sie sich für ein paar Auseinandersetzungen. Beziehungsweise, wappnen Sie sich für einen Haufen Auseinandersetzungen und lassen Sie sich nicht unterkriegen. Es wird laut werden. Reagieren Sie allerdings nicht in derselben Lautstärke. Bleiben Sie ruhig und sachlich.

Grenzen helfen Ihrem Kind, geistig und emotional zu wachsen. Sie müssen also Grenzen setzen und auf ihnen bestehen. Außerdem sollten Sie erklären, wozu sie da sind. Ihre Kleine darf kein Popcorn haben, während Sie einkaufen, weil sie dann keinen Hunger mehr auf das Mittagessen hat. Sie darf Tina die Puppe nicht aus der Hand reißen, weil man teilen muss. Sie darf ihren Namen nicht auf die Schulmauer sprühen, weil es gesetzlich verboten ist. Irgendwann wird Ihr Mädchen verstehen, dass es nicht immer seinen Willen bekommen kann, und auch warum. Und es wird Sie nichts kosten, es sei denn, Sie wollen zur Sicherheit in ein paar *Scared Straight!*-Videos investieren.

REANIMATIONSTRAINING? WAR DA WAS?

Beim vorgeburtlichen Erste-Hilfe-Kurs haben Sie viele werdende Eltern gesehen, die genauso erschöpft wirkten wie Sie. Es war die Art von Erschöpfung, die aus einer Kombination von zu viel Information und zunehmender Panik entsteht. Die meisten Gehirne machen dicht, wenn ihre Aufnahmekapazitäten ausgereizt sind, aber werdende Eltern wie Sie stopfen weiterhin alles Mögliche hinein. Noch mehr Kurse, mehr Broschüren, mehr Ratschläge. Und das müssen Sie auch. Sollte es in der entscheidenden Phase der Geburt relevant werden, wollen Sie schließlich nicht vergessen haben, wie die »Knie-Ellbogen-Lage« geht.

Nach Abschluss des Kurses überkommt Sie das Gefühl, etwas geschafft zu haben, derart stark, dass Sie sich sagen, es sei schon in Ordnung, ein paar der notwendigen weiteren Übungen auszulassen. Sie wissen, dass Sie die Reanimation weiter an einem Dekokissen üben sollen, aber das fühlt sich so albern an, wie es klingt.

Nun, da der kleine Racker da ist, sind Sie mit Schlafentzug, Erbsenpüree, ersten Schritten und all den anderen anstrengenden Dingen konfrontiert, die das Elterndasein mit sich bringt. Sie legen das Üben also auf Eis,

RE-
ANIMA-
TION

obwohl Sie die einzelnen Punkte schon langsam wieder vergessen. Zuerst überprüfen, ob Fremdkörper vorhanden sind, und dann den Kopf überstrecken oder zuerst den Kopf überstrecken und dann auf Fremdkörper überprüfen? Sie erinnern sich auch nicht mehr, ob tiefe Kniebeugen dabei vorkommen oder ob die zu dem Wochenend-Workout gehörten, das Sie ebenfalls über Bord warfen, als das Baby kam. Und auch, als alles etwas ruhiger wird und Sie sich ein wenig ausgeschlafener fühlen, gibt es fast nichts Unattraktiveres, als einen freien Abend damit zu verbringen, in den Mund einer gruseligen Babygummipuppe zu pusten.

Der Tod durch Ersticken ist doch bestimmt nicht so häufig, wie die Leute behaupten, oder? Das ist sicher ein Gerücht, das die Erste-Hilfe-Industrie in die Welt gesetzt hat – die Hersteller von Erste-Hilfe-Tafeln und Babypuppen. Sie haben eine Abneigung gegen die Kursleiter und Rettungsprofis entwickelt, von denen Sie glauben, dass sie missbilligend auf Sie herabsehen, weil Sie nicht üben. Nein, Sie lassen sich nicht dazu zwingen, einen ganzen Nachmittag lang in einem Raum im Gemeindezentrum zu sitzen, um für eine Situation zu üben, die sowieso nie eintreten wird. *Viva la independencia!*

GELASSEN BLEIBEN Es gibt viele, viele Dinge, die Eltern angeblich tun müssen, die in Wirklichkeit aber überflüssig sind – dem Baby Vokabelkarten zeigen, die Fernsehzeit Ihres Krabbelkindes begrenzen, Ihrem Kind bei den Hausaufgaben helfen, ihm nicht bei den Hausaufgaben helfen, ihm erst ab dem Alter von sechs Jahren die Handhabung von Bohrmaschinen beibringen. Eines der Dinge, die Sie jedoch *wirklich* tun sollten, ist, das Reanimationstraining durchzuziehen. Denn wenn es ans Eingemachte geht, wollen Sie bestimmt nicht derjenige sein, der vergessen hat, wie das mit der Wiederbelebung läuft. Besuchen Sie also den Kurs und – gelassen bleiben. Sie müssen ihn einmal vor der Geburt machen, ein Jahr danach und dann alle zwei Jahre, bis Ihre Kinder alt genug sind, um in den Ruhestand zu gehen. Unsere orangefarbenen Dekokissen wurden ein ums andere Mal gerettet.

Wir mussten das Gelernte tatsächlich an einem Kind anwenden. Zwei Mal! Und danach musste meine Frau jeweils dasselbe bei mir tun, denn beide Male blieb mir das Herz stehen.

ELTERNSCHAFT

ICH VERHALTE MICH ANDERS ALS ERWARTET

Sie hatten geglaubt, Sie würden coole Eltern sein – das von allen für seinen Pragmatismus bewunderte Elternpaar. Mit einer einzigartigen Mischung verschiedener Strategien und Methoden wollten Sie Standards setzen, an denen sich alle anderen messen würden. Ja, Sie wollten der Frank Sinatra im Rat Pack der Mamas und Papas sein.

Doch nun sind Sie eher Joey Bishop. Wer? Eben.

Die ganze Recherche, die Pläne, all die Vorbereitungen, die Sie für Ihre Elternschaft getroffen haben, erwiesen sich als etwa so sinnvoll wie der Fondue-Topf, der als Staubfänger auf dem Geschirrschrank steht. Dieses Elternding ist überhaupt nicht so, wie Sie es erwartet hatten. Anstatt Herausforderungen mit Leichtigkeit und Humor zu bewältigen, schreien Sie normalerweise, und Sie haben womöglich – Ihre Erinnerung daran ist verschwommen – einmal zur Strafe ein Barbie-Spielset in den Müll geworfen.

In Ihren hellen Momenten ist Ihnen klar, wie Ihr Kind davon beeinflusst werden wird. Ihr Konzept war ja schließlich nicht nur für Sie gedacht. Als Resultat Ihres nachlässigen Erziehungsstils wird Ihre Tochter in der

Schule versagen und dank der zahlreichen psychischen Probleme, die Sie ihr aufgehalst haben, vermutlich niemals Freunde finden. Zumindest haben Sie ihr die Inspiration zu einer Karriere als Stripperin gegeben.

GELASSEN BLEIBEN Zunächst einmal: Was haben Sie für ein Problem mit Stripperinnen? Die sind doch menschlich vollkommen in Ordnung.

Zweitens: Sie werden als Eltern Mist bauen. Jede Menge. Das können Sie nicht vermeiden, also finden Sie sich damit ab, dass Sie niemals den Status »Perfekte Eltern« erreichen werden. Das Gute daran: Sie sind damit nicht allein – und ein Fehler (oder auch eine ununterbrochene Reihe scheinbar katastrophaler Fehler) bedeutet nicht, dass Sie unwiderruflichen Schaden angerichtet haben.

Niemand kann vorhersehen, was die Elternschaft mit sich bringt und welchen Einfluss sie auf Sie hat. Alles, was Sie bisher gelernt haben, wird auf die Probe gestellt, und Sie bekommen unermesslich viel zusätzlichen Stress. Im Ernst, es ist wie ein Bootcamp, nur ohne das Marschieren. Und andere Eltern, selbst diejenigen, die in Ihren Augen wie der Frank Sinatra des Eltern-Rat-Packs erscheinen, schwimmen genauso wie Sie. Was das Elternsein angeht, sind wir alle Joey Bishop.

ICH HABE NICHT VOR, VATERSCHAFTSURLAUB ZU NEHMEN

Ein Baby ist unterwegs und Sie stehen kurz davor, stolzer Vater zu werden. Glückwunsch, Kumpel. Das ist der Hammer – eine Herausforderung zwar, aber trotzdem der Hammer.

Doch vielleicht wollen Sie den Vorteil des Vaterschaftsurlaubs nicht nutzen. Ihr Urinstinkt und die Aktentasche aus Lederimitat schreien Sie förmlich an, dass Sie wieder arbeiten gehen sollten. Schließlich sind Sie der Ernährer und müssen für die Familie sorgen (oder zumindest das Geld herbeischaffen, um was beim Chinesen holen zu können).

Sie sind sich sicher, dass ein paar Tage zu Hause nach der Rückkehr aus dem Krankenhaus Ihnen genügend Erfahrung mit Babykacke und Schlaflosigkeit vermitteln. Die Arbeit erledigt sich schließlich nicht von selbst. Und wenn Sie nicht mindestens alle neun Tage oder so im Büro auftauchen, klaut der Typ aus der Buchhaltung wahrscheinlich Ihren Post-It-Vorrat.

Außerdem soll Ihr Arbeitgeber nicht den Eindruck bekommen, der Job sei Ihnen egal. Die meisten Männer nehmen aus genau diesem Grund nicht den vollen

Vaterschaftsurlaub. Es gibt sogar Untersuchungen darüber, dass die meisten Arbeitgeber glauben, Männern, die Vaterschaftsurlaub nehmen, sei der Job nicht so wichtig wie denen, die gar keinen Anspruch darauf erheben.

Da, sehen Sie? Ich habe gerade Ihre Argumentation gestützt. Sie müssen nicht zu Hause herumhängen, auch wenn Sie dadurch zahlreiche wunderbare Meilensteine verpassen und einen Großteil der ersten Wochen oder Monate Ihres Kindes hier auf Erden. Nein, Sie sind der Versorger und deswegen müssen Sie arbeiten gehen.

GELASSEN BLEIBEN Der Vaterschaftsurlaub ist ein tolles Angebot, das Sie nutzen sollten. Und zwar so vollständig wie möglich. Falls Sie Sorge haben, Ihr Arbeitgeber werde dann annehmen, die Familie sei Ihnen wichtiger als der Job, reden Sie mit Ihrem Vorgesetzten. Sprechen Sie über Ihre Befürchtungen und machen Sie deutlich, dass Ihnen die Arbeit durchaus am Herzen liegt, dass dies jedoch eine wichtige Phase ist, in der Sie gerne zu Hause sein würden.

Und wenn die es nicht kapieren, nutzen Sie am besten Ihren Vaterschaftsurlaub dafür, sich einen neuen Job zu suchen, denn dann ist Ihr Arbeitgeber ein Arschloch. In beiden Fällen sind Sie hinterher glücklicher.

MANCHMAL KANN ICH MEIN KIND NICHT LEIDEN

Das Wort »Liebe« kann das, was Sie für Ihren Sohn empfinden, nicht wirklich beschreiben. Sie möchten dafür ein glänzendes, großes, engelhaft klingendes und unheimlich inspirierendes Wort haben. Angesichts Ihrer Liebe für Ihr Kind werden andere Lieben klein vor Scham, weil sie nicht so gewaltig sind. Und trotzdem *mögen* Sie Ihren Sohn manchmal nicht.

Wenn er sich weigert, sich die Hände zu waschen, nachdem er auf der Toilette war, und Sie diesbezüglich anlügt, ist das schon schlimm genug. Richtig schlimm wird es, wenn er das tut und dann unbedingt mit Ihnen ein Sandwich teilen will … und Sie erst im Nachhinein herausfinden, was er getan – beziehungsweise nicht getan – hat. Die folgende Diskussion schaukelt sich hoch bis zum gegenseitigen Anschreien, und an irgendeinem Punkt wird Ihnen plötzlich klar: Wäre Ihr Sohn in Ihrer Studienzeit Ihr Mitbewohner gewesen, hätten Sie ihn längst rausgeworfen oder zumindest seine Hand in eine Schüssel warmes Wasser getaucht, während er schlief.

Dieser emotionale Zwiespalt verwirrt Sie. Sein eigenes Kind auch nur für den Bruchteil einer Sekunde nicht zu mögen, verrät Unzulänglichkeit und Kleinlichkeit. Vielleicht hätten Sie nie Kinder bekommen sollen. Vielleicht hätten Sie sich weiter an Katzen halten sollen. Sie mögen Katzen. Die fassen nie mit Kackfingern Ihr Truthahnsandwich an.

GELASSEN BLEIBEN Genau wie mit Ihrem besten Freund (und sogar Ihrer Katze) gibt es möglicherweise manchmal Unstimmigkeiten zwischen Ihnen und Ihrem Kind und Sie würden am liebsten einfach für eine Weile abhauen. Tun Sie genau das. Damit gehören Sie nicht automatisch zu den Rabeneltern, sondern vielmehr zu den schlauen.

Auf welche Weise auch immer Sie Dampf ablassen – Yoga, Joggen, Lesen, Malen, Schweißen, Holzschuhtanz oder Nudel-Kunst –, nehmen Sie sich etwas Zeit, um runterzukommen, damit Sie vor allem nichts Verletzendes sagen oder tun. Und denken Sie daran, dass Ihr Sohn immer noch dabei ist, die Welt zu verstehen und dazu Ihre Hilfe benötigt. Tragen Sie ihm solche Dinge also nicht allzu lange nach. Erklären Sie ihm nach Ihrer Rückkehr, weshalb Sie sauer waren, und sprechen Sie darüber, wie Sie mit der Sache umgehen wollen, wenn so etwas noch einmal passiert.

Katzen waschen sich übrigens *nie* die Pfoten. Denken Sie mal darüber nach.

ICH FÜHLE MICH NICHT WIE EIN PAPA

Wenn Sie Ihr Neugeborenes das erste Mal in den Armen halten, nachdem Sie Ihre Frau durch eine anstrengende Geburt begleitet haben, empfinden Sie Erstaunen, Aufregung, Angst, Stolz und Liebe. Aber Sie sind auch verwirrt, denn trotz all dieser überwältigenden Emotionen fühlen Sie sich nicht wirklich wie ein Vater. Besser gesagt, Sie spüren nicht sofort die filmreife Liebe zu Ihrem Kind wie die Väter in den TV-Schnulzen.

Anstatt ganz vernarrt mit Ihrem Kleinen zu turteln, spüren Sie, wie Urinstinkte in Ihnen das Kommando übernehmen. In der ersten Nacht auf der Neugeborenenstation verstecken Sie sich hinter einer Konstruktion aus Flügelhemden und einem Defibrillator und lauern auf einen langsamen Pfleger, um ihn mit dem Tropfständer aufzuspießen. Als eine Krankenschwester vorbeikommt, erheben Sie Ihren selbstgebauten Speer und stürzen sich auf sie. Ihr Kreischen weckt Sie aus Ihrem Wahn und Sie entschuldigen sich dafür, einen Mundschutz als Lendenschurz zu tragen.

Auch als Sie Ihr Kind nach Hause gebracht haben, spüren Sie noch die Macht der Urtriebe. Die Babyschau-

NEUGEBORENE

kel sieht aus, als wären die Seile etwas zu lang. Wenn Ihr Kleines richtig in Schwung kommt, könnte es sich den Kopf am Türrahmen stoßen. Eilig fahren Sie in den Baumarkt und kehren mit einem gigantischen Stück Schaumstoff, Schrauben und Unterlegscheiben zurück. Sie sichern den Türrahmen so gründlich, dass selbst ein mit Volldampf herantrabendes Mammut sich nicht verletzen würde, wenn es dagegen stieße.

Obwohl Sie sich immer noch nicht emotional mit Ihrem Baby verbunden fühlen, haben Sie die Höhlenmalerei, in der Sie Ihre gewaltigen Erfolge mit Möhrenbrei und zerdrückten Blaubeeren an der Esszimmerwand festhalten, bereits vollendet. In den Nachbarhöhlen wird man sich Ihre Heldentaten erzählen.

GELASSEN BLEIBEN Unzählige Geschichten handeln davon, wie die Ankunft eines Babys einen magischen Schalter umlegt, wodurch wir plötzlich zur besten Version unserer selbst werden. Doch das passiert nicht jedem sofort. (Übrigens erleben auch viele Frauen diese Verzögerung.) Wenn Sie also Ihr Baby zum ersten Mal sehen, kann es durchaus sein, dass das Gefühl, Vater zu sein, noch nicht richtig bei Ihnen ankommt, denn wie ein Höhlenmensch haben Sie plötzlich den Drang, Felle und Säbelzahntigersteaks aufzutreiben.

Wenn Sie erst einmal durchgeatmet und sich an das neue Leben gewöhnt haben, werden Sie zusehen, wie das Chaos seinen Lauf nimmt, und in der absurden Freude und filmreifen Liebe der Vaterschaft schwelgen. Und dank des Metzgers in Ihrem Viertel laufen Sie auch nicht Gefahr, sich bei der Jagd nach dem Abendessen zu verletzen.

ICH BIN SO RÜHRSELIG GEWORDEN

Sie lieben Krimiserien. Zu Beginn ein Mord, am Schluss ein Prozess und dazwischen jede Menge anschaulicher Gewaltszenen – das ist genau Ihr Ding.

Seit Ihr kleines Mädchen auf der Welt ist, sehen Sie jedoch die Opfer, egal welchen Alters, als die Kinder, die sie einmal waren. Keine echten Kinder, klar, aber eben trotzdem Kinder. Früher waren sie einmal so klein wie Ihre Tochter jetzt, dann wurden sie erwachsen, haben sich mit einem eifersüchtigen Software-Magnaten, Medien-Tycoon oder Drogendealer eingelassen, und nun sind sie tot. Und das bedeutet, dass ihre fiktiven Eltern den Rest ihres fiktiven Lebens um sie trauern werden.

Jede Geschichte, in der jemand stirbt – sei es ein sentimentaler Kostümfilm, ein spannendes Drama oder sogar ein Katastrophenfilm – betrachten Sie nun durch die Elternbrille. Wenn Sie sich also apokalyptische Spektakel ansehen, in denen ein Meteorit auf die Erde trifft und eine Tsunamiwelle am Strand verursacht, weinen Sie um die betroffenen Familien. Sie hätten sich genauso gut *Sophies Entscheidung* ansehen können.

Sie trauern nicht nur um all die fiktiven Menschen, die für Ihre Unterhaltung gestorben sind, sondern auch um Ihre Liebe zu dieser Art von Entertainment. Von nun an sitzen Sie in Ihrer seltenen freien Zeit still vor einer Wand, denn Wände sterben nicht.

GELASSEN BLEIBEN Aus der Elternperspektive denken Sie anders über die Schicksale der Menschen. Die Geschichten in jeder Fernsehsendung, in Filmen, Büchern, Theaterstücken und Comics erscheinen dramatischer, weil alle Figuren darin früher einmal ein Baby waren. Das legt sich irgendwann, aber es kann eine Weile dauern. Also, eine ganz schön lange Weile. Übrigens gilt das auch für die Nachrichten, die Sie wahrscheinlich als noch tragischer wahrnehmen werden, weil die erzählten Geschichten echt sind. Sie müssen sich nicht schlecht fühlen, wenn Sie den Eindruck haben, es sei besser für Sie, das aktuelle Geschehen eine Zeitlang zu ignorieren. Sie werden nichts Großes verpassen. Hier haben Sie einen allgemeingültigen Nachrichtentext, den Sie stattdessen lesen können: »Menschen in unterschiedlichen Teilen der Welt behandeln sich schlecht. Das Wetter ist der Jahreszeit entsprechend. Und hier nun ein Kazoo spielender Hund!«

In der Zwischenzeit werden Sie durch Ihr Kind ein ganz anderes Genre wiederentdecken: Kindersendungen. Die Figuren wirken vielleicht seltsam, aber auch nicht abgedrehter als ein Detective der Mordkommission mit Zwangsneurosen. Und ich persönlich fand die letzten *Thomas, die kleine Lokomotive*-Folgen sogar aufregender als meine Söhne.

Ich sag's Ihnen, Mann, eines Tages wird Diesel 10 die Dampfloks richtig auf die Palme bringen.

ICH BIN DEPRIMIERT

Sie sind nicht glücklich. Sie kümmern sich den ganzen Tag um die Bedürfnisse Ihres Kindes, und haben keine Zeit, das Elternsein zu genießen. Die Sorge ums Kind wiegt schwerer als alles andere in Ihrem Leben, und Sie fühlen sich gefangen in einer Rolle, für die Sie schlecht gerüstet sind. Schlimmer noch, Sie haben das Gefühl, Ihr Kind sei ebenso gefangen wie Sie, und es ginge ihm besser mit weniger gestressten, müden, einkommensschwachen, deprimierten Eltern.

Sie schnauzen Ihren Partner an. Sie weinen beim Anblick des süßen Gesichts Ihrer Tochter, wenn sie mitten in der Nacht aufwacht. Sie sind wütend auf das Universum, weil es Sie nicht besser auf diese Aufgabe vorbereitet hat. Sie sagen sich, dass Sie bloß etwas Schlaf brauchen und dann in der Lage sein werden, mit allem klarzukommen. Aber Sie wissen auch, dass Sie von einer ausreichenden Menge Schlaf noch Lichtjahre entfernt sind.

GELASSEN BLEIBEN Sie sind kein schlechter Vater, Sie sind keine schlechte Mutter. Sie sind deprimiert, und zwar nicht auf eine Weise, die sich damit beheben lässt, ein paar Mal das Bauhaus-Album *Burning from the Inside* rauf und runter zu hören. Neuere Studien haben gezeigt, dass auch Männer an Wochenbettdepressionen leiden können. In anderen Studien heißt es, dass Depressionen bei Eltern Einfluss auf die Entwicklung des Kindes haben: Es kann dadurch zum Beispiel später einmal den Drang verspüren, Bass zu spielen oder Gedichte über Bäume zu schreiben.

Als unsere Jungs noch Säuglinge waren und ich wegen ihnen zu Hause blieb, hatte ich selbst mit Depressionen zu kämpfen. Meine Frau ermunterte mich, Hilfe zu suchen. Das tat ich, und auch wenn dadurch nicht alle Probleme gelöst wurden, habe ich zumindest die notwendigen Fähigkeiten erworben, um mir selbst zu helfen. (Ich meine nicht, mir selbst Medikamente zu verschreiben, auch wenn das natürlich großartig wäre.)

Im Ernst, suchen Sie sich professionelle Hilfe. Daran ist nichts Schlimmes. Sprechen Sie mit Ihrem Therapeuten über alles und lernen Sie mit seiner Unterstützung, wie Sie mit Depressionen und Stress umgehen und sie hoffentlich irgendwann überwinden können. Bauhaus zu hören schadet aber auch nicht.

ALL MEINE PLÄNE WERDEN DURCHKREUZT

Sie haben eine Liste mit Dingen, die Sie tun wollen, solange das Kind schläft – das Abendessen vorbereiten, die Kramschublade aufräumen, Rechnungen bezahlen und Harriet Bescheid sagen, dass Sie zur Party am Wochenende Wein mitbringen. Sie haben darauf geachtet, die Zeit nicht komplett zu verplanen, und sind glücklicherweise ausgeruht, so dass Sie nicht zuerst eine Stunde lang mit leerem Blick in eine Tasse Kaffee starren müssen. Doch dann ist es Zeit für den Mittagsschlaf – und Ihre Tochter schläft nicht.

Nach einer Weile geben Sie auf und setzen sie im Wohnzimmer neben sich auf den Boden. Sie versuchen, ein paar Dinge zu erledigen, aber die Kleine schnappt sich immer wieder die Rechnungen vom Stapel, und Sie können sie auch nicht unbeaufsichtigt lassen, um das Abendessen vorzubereiten. Das haben Sie einmal ausprobiert. Da hing sie dann an der Gardinenstange und spielte Bergsteiger.

Als Sie noch zur arbeitenden Bevölkerung gehörten, waren Sie super darin, Krisen zu managen. Projekte, die in letzter Minute platzten, Leute, die Abgabetermine nicht einhielten, Kunden, die absprangen und ein riesiges Loch ins Budget rissen, Programme, die scheiterten – Sie waren in der Lage, all das zupackend zu bewältigen, ja, in solchen Situationen blühten Sie regelrecht auf. Die Kollegen würden jedoch nie aus vollem Halse schreien. Eine verschwundene Akte weint nicht bitterlich. Und eine verpasste Deadline weigert sich nicht, ihren Grüne-Bohnen-Brei zu essen.

Kein Mittagsschlaf für Ihre Tochter bedeutet: Sie werden keine der geplanten Aufgaben durchführen und die Kleine wird beim Abendessen in Jammerlaune sein. Kurz, Ihr Tag ist im Eimer. Und Sie haben keinen Wein mehr im Haus.

GELASSEN BLEIBEN Eine der umwälzenden Veränderungen, die mit einem Kind auf Sie zukommt: Sie müssen die Dinge nehmen, wie sie kommen. Für mich war das eine der größten Herausforderungen, aber ich habe es geschafft. (Den vorherigen Satz habe ich in der Hoffnung geschrieben, es bei Erscheinen des Buches tatsächlich geschafft zu haben. In Wahrheit macht es mich nämlich immer noch wahnsinnig.) Sie werden den Dreh also zweifellos rauskriegen.

Sie werden sich an die Tatsache gewöhnen müssen, dass Sie manches – oder alles –, was Sie zu tun haben, nicht dann erledigen können, wenn Sie es wollen (ein

Buch schreiben, zum Beispiel, was meinen Kindern völlig gleichgültig ist). Es bedeutet letztlich einfach nur, dass Sie, anstatt Ihr berühmtes Weiße-Bohnen-Chili zu servieren, im Supermarkt eine Partyplatte fürs Wochenende kaufen müssen (oder den Verlag darum bitten, die Deadline zu verlängern).

MEIN KIND IST MIR PEINLICH

Die ganze Familie freut sich auf Freitagabend. Das ist der Abend, an dem Sie Ihre Frau und Ihren Sohn in eines Ihrer Lieblingslokale ausführen und ein bescheidenes Mahl draußen in der echten Welt genießen. Sie setzen sich an den Tisch und die Bedienung kommt zu Ihnen, um die Bestellung aufzunehmen. Sie haben Ihrem Sohn die ganze Woche über eingetrichtert, wie man höflich sein Essen bestellt. Nun ist der große Moment gekommen. Er sieht die Kellnerin an und ruft: »PENIS! PENIS! PENIS!«

Damit ist es noch nicht vorbei. Wenn er nicht übermütig die Bezeichnungen für intime Körperregionen brüllt, versucht er, auf den Tisch zu klettern, wirft mit Stiften um sich und singt »Jingle Bells« in Endlosschleife, obwohl Weihnachten noch Monate hin ist. Diese Darbietung ist nur einer von vielen peinlichen Momenten. Die Manieren Ihres Sohnes sind genauso unauffindbar wie seine Stifte.

Die anderen Gäste drehen sich um und starren herüber. Sie zischen Ihrem Sprössling zu, er solle aufhören, aber das ermuntert ihn nur, unablässig hysterisch lachend den Körperteile-Tanz aufzuführen. Aus seiner Sicht ist er ein größeres Comedy-Genie als Laurel und

Hardy zusammen. Alle Warnungen und beruhigenden Worte – besser gesagt, Drohungen – laufen ins Leere. Sie lächeln der Bedienung verlegen zu, als sie mit der Bestellung entschwindet, damit Ihr Sohn bald mit seinem Käsesandwich anstatt mit dieser spontanen Biologiestunde beschäftigt ist. Am liebsten würden Sie solche peinlichen Situationen ganz vermeiden.

Als die Kellnerin mit den Getränken zurückkommt, fragen Sie, ob das Restaurant auch einen Lieferservice hat.

GELASSEN BLEIBEN Für Scham gibt es kein Heilmittel, und Ihr Sohn kennt das Gefühl nicht. Sie könnten ihm in der Öffentlichkeit die Hose herunterziehen und er würde einfach halbnackt herumlaufen. Unsere Kinder haben sich manchmal *selbst* die Hosen heruntergezogen und genau das getan, allerdings nicht in der Öffentlichkeit. Wobei, Moment … Ist ein Familientreffen privat oder öffentlich?

Vielleicht hilft es, zu wissen, dass jeder so etwas erlebt. Sie müssen Scham einfach aus Ihrem Gefühlshaushalt verbannen. Sie nützt nichts und endet nicht, bis Ihr Sohn auf die Uni geht. Ab diesem Zeitpunkt bringt er sich nur noch selbst in Verlegenheit.

Ich empfehle jedoch nicht, in die Aktivitäten Ihres

Sohnes einzusteigen, um das Schamgefühl zu überwinden. Es ist etwas ganz anderes, ob ein Kind im Restaurant »PENIS!« brüllt, oder ob das ein Erwachsener tut. Glauben Sie mir, da hab ich Erfahrung.

ICH BIN DAUERND EINEN SCHRITT HINTERHER

Sie haben die Neugeborenen- und Babyzeit überstanden, die Trotzphase sowie den »Wie, es hört auch mit fünf noch nicht auf?«-Schock. Jetzt geht Ihre Tochter in die Vorschule und Sie beglückwünschen sich selbst. Sie haben es irgendwie geschafft, ein menschliches Wesen eine halbe Dekade lang gesund und am Leben zu erhalten, und mixen sich zur Belohnung nicht nur einen gewöhnlichen Drink, sondern eine Cadillac Margarita.

Doch der Cocktail schmeckt bittersüß. Es fühlt sich nicht an, als hätten Sie sich einen Vorsprung erarbeitet, seit Ihr Mädchen auf der Welt ist. Im Gegenteil, die Tatsache, dass es inzwischen ganz gut mit Sprache umgehen kann, führt dazu, dass es ausgefeilte und energische Argumente gegen alles ins Feld führen kann, was Sie sagen, selbst gegen so einfache Sätze wie »Zieh dich an«.

Sobald Sie anfangen zu verstehen, wie man Ihre Kleine in einer bestimmten Entwicklungsphase am besten zu nehmen hat, kommt sie in die nächste. Die Regeln und Ziele ändern sich ständig. Es ist, als würden Sie auf einem Monopoly-Brett mit Figuren aus Candyland Schach spielen … inmitten eines Tornados. Das

Licht am Ende des Erziehungstunnels muss existieren. Irgendwann muss es doch einfacher werden, oder? Irgendwann werden Sie wissen, wie der Hase läuft.

Das hoffen Sie zumindest, denn die Vorstellung, immer wieder unvorbereitet von den wechselnden Herausforderungen des Elternseins getroffen zu werden, ängstigt Sie zu Tode. Die Margarita zur Feier des Tages haben Sie durch eine große Portion Vanille-Karamell-Eiscreme ersetzt und machen weiter mit dem Stück reifen Cheddar, den Sie noch im Kühlschrank finden.

GELASSEN BLEIBEN Bestimmt haben Sie von der »It Gets Better«-Kampagne gehört. Leute erzählen öffentlich die Geschichte Ihrer Homosexualität, um lesbischen, schwulen, bi- und transsexuellen Jugendlichen zu versichern, dass die Dinge wirklich besser werden können. Für Eltern sollte man eine Kampagne mit dem Titel »It Gets Different« ins Leben rufen. Und jeder Beteiligte sollte einen Flachmann oder eine Mitgliedschaft im Schokolade-der-Woche-Club bekommen. Das Gefühl, ständig einen Schritt hinterher zu sein, wird nicht vergehen, denn Sie werden *tatsächlich* immer hinterherhinken, wahrscheinlich sogar zwei oder drei Schritte. Sie können nicht wissen, wie Sie mit etwas umgehen sollen, das Sie noch nicht erlebt haben, und Sie können es nicht erleben, bevor es geschieht. Wenn Ihre Kleine also in eine neue Entwicklungsphase eintritt, müssen Sie da alle zusammen durch.

Klar, kleine Kinder, kleine Probleme; große Kinder, große Probleme. Hey, wenigstens wird es nie langweilig, oder? Genießen Sie also den Cocktail. Oder das Eis. Oder das Weinen. Sie werden es nötig haben.

ECHTE PROBLEME

ICH WEISS NICHT, WELCHEM RAT ICH FOLGEN SOLL

Wenn Sie einen Film von Aaron Sorkin sehen, können Sie dem Geschehen zu 80 Prozent folgen. Sie betrachten sich daher als intelligentes, gut informiertes Mitglied der Gesellschaft. Stoßen Sie auf etwas, das Sie interessiert, recherchieren Sie, sammeln Informationen und entscheiden dann fundiert über Ihr weiteres Vorgehen. Als Sie erfuhren, dass Ihr erstes Kind unterwegs war, taten Sie dasselbe, stießen jedoch auf eine Mauer unterschiedlichster, leidenschaftlicher Ratschläge, wie ein Kind großzuziehen sei.

Mit einem einzigen Klick bewegten Sie sich von einer Studie über die verheerenden Auswirkungen der Schreienlassen-Methode beim Schlafenlernen zu einem Artikel, der die zahlreichen Vorteile genau dieser Methode propagiert. In einem YouTube-Video wird Ihnen erklärt, weshalb es gut sei, das Kind die Zeit für den Mittagsschlaf selbst bestimmen zu lassen, in einem anderen wird dargelegt, weshalb nur ein strikter Rhythmus Ihr Kind davor bewahrt, ein Messie zu werden, der sich nachts mit Nutella vollschmiert.

Bei so vielen verschiedenen Informationen tun Sie das einzig Mögliche: Sie wenden alle an. Jeden Tag probieren Sie eine andere Technik, manchmal zwei an einem Tag. Sie benutzen am Dienstag die Schreienlassen-Methode und wenden den restlichen Tag bindungsorientierte Erziehung an. Am Mittwoch versuchen Sie es mit leistungsorientierter Erziehung und schimpfen mit Ihrem Säugling, beim Besuch der Großeltern werden Sie dann überfürsorglich. Aus irgendeinem Grund zeigt Ihre Schreiender-Tiger-Bindungshelikopter-Methode keine Wirkung bei Ihrem Baby.

GELASSEN BLEIBEN Das Einzige, was Sie erreichen, wenn Sie Techniken anwenden, die Sie nicht brauchen, ist, dass Ihr Kind jede Menge Material für seine Enthüllungsautobiographie hat, gegen die »Meine liebe Rabenmutter« aussehen wird wie »Mary Poppins«. Vermutlich benötigen Sie überhaupt keine Methode, Sie müssen einfach nur Vater oder Mutter sein – und gelassen. Die Experten sind sich ohnehin uneins; selbst die, die ich für dieses Buch befragt habe, sind in bestimmten Punkten unterschiedlicher Meinung. Vertrauen Sie also Ihren Instinkten. Wenn Sie nicht gerade überlegen, Ihr Kind mit einem Katapult zum Mond zu schießen, hat Ihr Bauchgefühl normalerweise recht. Falls Sie etwas Orientierung brauchen, halten Sie sich an die Erziehungsmethode, die Ihrem Charakter am ehesten entspricht. Schließlich sind Sie es, die sie tagtäglich anwenden werden. Das Baby profitiert nur davon. Und, um das klarzustellen: Es gibt keine Erziehungsmethode, in die ein Katapult involviert ist.

ICH HABE MICH NICHT GENUG MIT ERZIEHUNG AUSEINANDERGESETZT

Als Sie verkündeten, dass Sie Nachwuchs bekommen, schickten Ihnen Familie und Freunde genügend Elternratgeber, um eine eigene Bibliothek zu eröffnen. Doch anders als in einer Bibliothek blieben all diese Bücher ungelesen. Zwischen dem Einrichten des Kinderzimmers, dem Säuglings-Erste-Hilfe-Kurs, den Vorbereitungen bei der Arbeit für die Elternzeit, damit das Unternehmen währenddessen nicht den Bach runtergeht und dadurch eine Wirtschaftskrise ausgelöst wird, hatten Sie keine Zeit, die Bücher auch nur aus den Verpackungen zu wickeln, in denen sie geschickt wurden, geschweige denn, sie zu lesen. (Abgesehen von einer Ausgabe von »Das glücklichste Baby der Welt«, das Sie kurz durchblättern konnten, bevor Sie es als Stütze für den wackeligen Geschirrschrank verwendeten.)

Dann ist der Geburtstermin da und Sie sind offiziell Eltern – und Ihnen wird klar, dass Sie nun noch weniger Zeit haben werden. Mit Ausnahme der *Bill Cosby Show* vielleicht haben Sie sich im Fernsehen nie irgendwelche Sendungen über Erziehung angeschaut. Sie haben keine praxistaugliche Recherche übers Kinderhaben durchgeführt, es sei denn, man zählt die drei Tage dazu, die Sie über die Wandfarbe im Kinderzimmer diskutiert haben.

Ihr Baby ist bei Ihnen zu Hause, Sie halten es in den *Armen*. Sie starren einander entgeistert an und warten darauf, dass irgendetwas geschieht, warten auf ein Zeichen, eine Anweisung, auf Hilfe.

GELASSEN BLEIBEN Wissen Sie, wie viele Elternratgeber Sie unbedingt vor oder nach der Geburt eines Babys lesen sollten? Genau null.

Sie haben zu viel um die Ohren, um trockene Abhandlungen über Zubettgehpläne zu lesen. Sie werden feststellen, dass Ihr Bauchgefühl gut funktioniert. Dennoch hier die Grundlagen:

- Wenn das Baby weint, sehen Sie nach ihm.
- Wenn Sie sich Sorgen machen, sprechen Sie mit dem Kinderarzt.
- Nehmen Sie sich so oft wie möglich Zeit für sich.
- Werfen Sie das Baby nicht in den Deckenventilator.

VERHÄLT SICH MEIN KIND NORMAL?

Als der vierte Freund an der Uni Sie sitzenließ, wandten Sie sich an Ihre beste Freundin. Sie beide sind wie Schwestern, seit Sie gemeinsam Tiffany aus Ihrer Clique an der Schule rausgeekelt haben. Ihre beste Freundin kann Sie gut trösten, aber eigentlich haben Sie sie angerufen, um zu fragen, ob ihr so etwas auch schon einmal passiert ist. Es beruhigt Sie, zu hören, dass Sie nicht die Einzige sind, die eine solche Beziehungsapokalypse erlebt.

Als Sie Jahre später entdecken, dass Ihre Füße durch die Schwangerschaft auf die Größe von Yetipfoten angewachsen sind, fragen Sie Ihre immer noch beste Freundin, ob das bei ihr auch so war. Mit einem Grinsen erzählt sie, dass sie jedes einzelne Paar Schuhe, das sie besaß, vor der Schwangerschaft durch eine exakte Kopie in zwei Nummern größer ersetzt hat.

Sie seufzen erleichtert und hieven Ihre Quadratlatschen auf den Sitzhocker, während Ihre Kinder miteinander spielen. Dann bemerken Sie, dass das Kind Ihrer Freundin vor Zorn weint und Ihren Sohn mit einem Duplostein auf den Kopf haut. Sie beide springen auf Ihre sehr stabilen Füße, können *Ihren* Sohn aber nicht davon abhalten, den Schlag mit einer Holzlokomotive zu vergelten. Sie entschuldigen sich und Ihre Freundin winkt achselzuckend ab, während sie ihr Kind auf bleibende Schäden untersucht. Sie wirkt trotz dieses schlimmen Verhaltens erstaunlich entspannt.

Ein schlecht laufendes Liebesleben und große Füße sind eine Sache, aber das hier ist etwas anderes. Ohne eine anwesende Kontrollgruppe können Sie nur davon ausgehen, dass Ihr Kind furchtbar ist. In diesem Moment bereuen Sie, dass Sie Tiffany rausgemobbt haben. Facebook zufolge sind ihre Kinder unglaublich wohlerzogen.

GELASSEN BLEIBEN Es ist ganz normal, dass Sie wissen wollen, ob Ihr Kind sich wie andere Kinder verhält. Aber gehen Sie nicht so weit, auf der Straße Leute anzusprechen und zu fragen, ob deren Kind bereits die Farben auseinanderhalten kann. Sprechen Sie mit Ihren Freunden, um sich zu beruhigen. Die Chancen stehen nicht schlecht, dass deren Kinder dieselben merkwürdigen Dinge tun wie Ihr eigenes. Und wenn nicht? Na und? Vielleicht isst das Kind Ihrer Freundin nicht den lila Glitzer aus der Bastelbox, während Ihres ihn für eine Art Elfenkaviar hält. Das bedeutet letztlich aber nur, dass Ihr Kind fabelhaften Diskostuhlgang haben wird.

ES IST ALLES ZU TEUER

Die Beine Ihrer Tochter hängen schon weit über den Rand des kleinen Kinderwagens, den Sie seit ihrer Geburt nutzen. Sie wächst und es ist an der Zeit, in einen neuen zu investieren. Sie recherchieren ein wenig im Internet und Ihre Reaktion ist dieselbe wie am Anfang, als Sie begannen, Ihr Zuhause für die Ankunft des Babys auszustatten: »Diese Dinger müssen aus erlesenen Stoffen oder Edelsteinen bestehen.«

Sie sind überzeugt, dass die ganze Sache irgendeine Art von Nepp ist. Fläschchen, Milchpumpen, Babynahrung, Windeln, Anziehsachen, Spielzeuge und Möbel – die Liste der notwendigen Dinge für Ihr Baby ist länger als die Jam Session eines Fusion-Jazz-Quintetts. Und alles ist teuer. Weil Ihr Baby wächst, ersetzen Sie einzelne Stücke, bevor Sie überhaupt benutzt aussehen. Am aktuellen Kinderwagen ist keine Schraube locker und seine Räder haben noch nicht einmal Kratzspuren. Abgesehen davon, dass Ihre Tochter einmal Cheerios und Möhren hineingespuckt hat, ist das Ding wie neu.

Viele Eltern betrachten den Kinderwagen als Symbol ihrer Liebe zu ihrem Kind. Die Mutter im Park mit dem schicken 1700-Dollar-Stokke-Xplory-Kinderwagen liebt ihr Baby offensichtlich mehr als die mit dem 350-Dollar-

Baby-Jogger-City-Mini-GT. Sie brauchen einen Kinderwagen, der demonstriert, wie wichtig Ihnen Ihre Tochter ist, auch wenn Sie Ihre Garderobe mal wieder ein wenig erneuern könnten.

GELASSEN BLEIBEN An diejenigen von Ihnen, die Ihr erstes Baby erwarten: Ich habe mir diese Namen und Preise nicht ausgedacht. Viel Spaß beim Shoppen! Aber Sie sollten vielleicht besser Freunde oder ein paar Mütter mit Kindern finden, die etwas älter sind als Ihres, denn weitergereichte Sachen kosten genau null Dollar.

Wissen Sie, Ihrem Baby ist es schnuppe, welchen Kinderwagen es hat oder von welcher Marke seine Klamotten sind. Für unsere Zwillinge haben wir zwei 15-Dollar-Buggys und ein Set Verbindungsstücke für 13 Dollar gekauft. Sie sind funktional, super leicht, lassen sich jeweils auf die Größe einer Posterrolle zusammenklappen und mit einer Hand auseinanderfalten. Unsere Jungs können einen Stokke-Wagen nicht von einer Deutschen Dogge unterscheiden. Die meisten ihrer Anziehsachen haben wir von Freunden bekommen. Wir haben genug Geld gespart, um die Mannschaft der Arizona Cardinals zu kaufen. Haben wir zwar nicht, aber wir hätten es gekonnt.

ETWAS IST DEFINITIV NICHT IN ORDNUNG

Sie sind ein weit fortgeschrittener Yogi, haben einen ganzen Schrank voller Grünem Tee und sind so entspannt, dass Sie bei Ihrer letzten Wurzelbehandlung eingeschlafen sind. Nichts kann Sie erschüttern. Bis der Kinderarzt den Satz »Da stimmt etwas nicht« oder irgendeine Variante davon sagt.

Sie hatten das Gefühl, Ihr Kind habe ein medizinisches oder psychisches Problem, und als aufmerksamer Papa und aufmerksame Mama haben Sie im Kopf eine Liste der Symptome angelegt. Gelassen, wie Sie sind, sind Sie jedoch nicht in Panik verfallen. Sie behielten einen kühlen Kopf und haben sich Rat von Experten eingeholt. Diese haben Tests durchgeführt, die Ihre Angst bestätigten. Es ist wahrscheinlich das einzige Mal in Ihrem Leben, dass Sie alles gäben, um nicht recht zu haben.

Sie wollen nicht ausflippen, aber ein solches Problem bei Ihrem geliebten Kind macht ein zitterndes Wrack aus Ihnen. Wie sollen Sie ruhig bleiben, wenn Ihr Kind – der Mensch, den Sie am meisten von allen auf der Welt lieben, das Wesen, das Ihnen geholfen hat, der zu werden, der Sie heute sind – etwas braucht, das Sie ihm nicht geben können?

GELASSEN BLEIBEN Es ist in Ordnung. Sie dürfen Panik haben.

Sie haben Angst, sind wütend und traurig, und diese Gefühle sind völlig gerechtfertigt. Erlauben Sie sich, sie zu spüren und zu durchleben, sich darin zu suhlen und sie letzten Endes zu akzeptieren. Tun Sie das einen Nachmittag lang und dann reißen Sie sich zusammen, denn Ihr Kind braucht Sie.

All die anderen Gelegenheiten, in denen Sie einfach nur gelassen bleiben sollten, helfen Ihnen, den Kopf frei zu haben für solche Situationen. Kämpfen Sie sich da durch und lassen Sie sich von Ihrem Kinderarzt oder Psychologen so genau wie möglich über die nachfolgenden Schritte aufklären. Holen Sie sich Unterstützung von Menschen, die durchgemacht haben, was Ihnen jetzt bevorsteht, gehen Sie zu Gruppentreffen, beteiligen Sie sich. Sprechen Sie mit Menschen und vertrauen Sie guten Freunden Ihre Geschichte an. Das Wichtigste ist jedoch, dass Sie Ihrem Kind seine eigene Panik nicht ausreden. Genau wie Sie hat es Angst, ist wütend und traurig. Es orientiert sich an Ihnen und wird sich bei Ihnen abschauen, wie es mit dieser Sache umgehen soll.

Also, ja, schieben Sie ein wenig Panik. Aber seien Sie auch stark und optimistisch.

ICH BIN ANDERER MEINUNG ALS DER ARZT

Ihr Baby niest und aufgrund der ungewöhnlich gelben Farbe des Rotzes fragen Sie sich, ob es nicht mehr als eine Erkältung ist. Daher recherchieren Sie ein wenig im Internet und kommen zu dem Schluss, dass Ihr Baby eine Kombination aus Beulenpest, nekrotisierendem Lepra-Virus und Gicht hat.

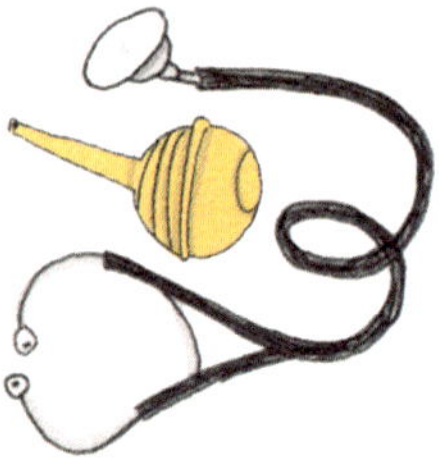

Als Sie die Kinderärztin anrufen, wirkt diese jedoch völlig unbesorgt. Sie findet nicht einmal, dass Sie das Kind für eine Untersuchung vorbeibringen sollten, und verbietet Ihnen rundweg, das Baby komplett mit Desinfektionsmittel einzureiben. Aber Sie sehen den Rotz und wissen, dass sich etwas Schreckliches in Ihrem Baby zusammenbraut. Und dabei haben Sie noch nicht einmal prüfen lassen, ob es nicht auch ein Parasit sein könnte.

Sie haben jetzt drei Möglichkeiten: das Baby trotzdem zum Arzt bringen; nach einem neuen Kinderarzt suchen, der Ihre Sorge wegen des goldenen Schleims teilt; Antibiotika auf dem Schwarzmarkt auftreiben. Sie beschließen, erst einmal andere Ärzte anzurufen, da dies der

Weg des geringsten Widerstands ist. Viele von ihnen sind scharf drauf, dass Sie mit dem Baby vorbeikommen. Zumindest die, bei denen Ihre Versicherung zahlt.

So beginnt für Sie eine mehrere Etappen umfassende Tour durch die lokale Ärztegemeinde. Auf dem Weg besorgen Sie auch noch etwas Desinfektionsmittel, falls Sie die Einreibung doch noch durchführen müssen.

GELASSEN BLEIBEN Hoffentlich haben Sie während der Schwangerschaft wenigstens ein paar Kinderärzte besucht und einen gefunden, dem Sie vertrauen. Wenn dies der Fall ist, hinterfragen Sie diese Person, die Medizin studiert hat, nicht im Nachhinein. Kein Kinderarzt möchte, dass die Kinder krank werden. Erkältungen, Magen-Darm-Infekte, Halsentzündungen, Durchfall und Ohrenentzündungen kommen häufig vor. Wenn Sie die Symptome bei Ihrem ersten Anruf beschreiben, kann der Arzt einschätzen, ob Sie wirklich vorbeikommen sollten oder ob es ausreicht, abzuwarten, bis es vorbei ist. Aber wenn Sie dem von Ihnen gewählten Mediziner, der meint, dass alles in Ordnung ist, nicht glauben, kann niemand Ihnen einen Termin verweigern. Falls Ihr Gefühl Ihnen hartnäckig sagt, dass Ihr Kind zum Arzt muss, holen Sie eine zweite Meinung ein. Aber verzichten Sie auf die Desinfektionsmitteleinreibung.

DAS LETZTE WORT

Angenommen, Sie haben dieses Buch gelesen und sind nun am Ende angekommen, wo alles zusammengefasst wird und die Informationen hübsch zum Mitnehmen auf Ihrer Reise durch die Elternschaft eingepackt werden. Wenn Sie einer dieser anarchistischen Leser sind, die zuerst das Ende lesen, Glückwunsch, Sie haben alles verdorben. Da Ihnen Erzählstruktur anscheinend völlig egal ist: Rosebud ist ein Schlitten. Na, wie gefällt Ihnen das?

Wie auch immer, für die übrigen Leser: Hoffentlich verstehen Sie nun, dass das Elternsein kein endloser Kampf mit dem Stress sein muss. Sie haben gelernt, sich oder Ihr Kind nicht mit anderen Familien zu vergleichen, sich auf das Wesentliche zu konzentrieren und dass es vollkommen in Ordnung ist, wenn Sie sich fühlen, als hätten Sie den Bogen immer noch nicht raus, denn das haben Sie garantiert nicht. Und letzten Endes wird es Ihnen vermutlich auch nie gelingen. Im Ernst, gehen Sie am besten davon aus, alles falsch zu machen, dann sind Sie angenehm überrascht, wenn es gut läuft. Diese Einstellung hat mich sowohl durch meinen Abschlussball als auch durch den ersten Job nach der Uni gebracht.

Aber melden Sie sich bei aller Gelassenheit bitte nicht ab. Im Gegenteil, bleiben Sie aufmerksam, sensibel und lassen Sie nie den Herd an. Und falls die Szenarien Sie nicht angesprochen haben und Sie nur eine einzige Sache aus diesem Buch mitnehmen, dann bitte dies hier:

Lieben Sie Ihr Kind,
dann ergibt sich alles andere.

Sie können eine Zwangsstörung haben oder einen nervösen Tick, Schwierigkeiten, Ihre Wut im Zaum zu halten oder einen unkontrollierbaren Drang, Cowboyhüte zu kaufen – welches Problem auch immer Sie glauben lässt, Sie könnten kein guter Vater oder keine gute Mutter sein: Nichts ist wichtiger, als dass Sie Ihr Kind lieben. Als die Beatles *All You Need Is Love* sangen, meinten sie nicht, dass dies die einzige Technik ist, die Sie brauchen, sondern dass dies die Basis für alle Methoden, Strukturen und Hilfsmittel darstellt. Liebe ist das Werkzeug, mit dem Sie jegliche Form der Eltern-Kind-Beziehung aufbauen können, sei es ein glänzendes Museum, um Ihre Großartigkeit auszustellen, oder ein schlichtes

Heim, in dem Sie alle es warm haben. Lassen Sie sich von Stress, Panik, Sorge oder dergleichen nicht aus der Bahn werfen. Und um den Weg für Ihre Liebe frei zu machen, folgen Sie einfach diesen zwei Schritten:

Erster Schritt: Gelassen bleiben.
Zweiter Schritt: Siehe Schritt eins.

Katrin Bauerfeind

Mir fehlt ein Tag zwischen Sonntag und Montag

Geschichten vom schönen Scheitern

272 Seiten. Klappenbroschur

»Scheitern kann man immer und überall. Es ist ein günstiges Hobby für die ganze Familie, ich als Scheidungskind weiß, wovon ich rede. Dieses Buch ist perfekt für alle, die große Pläne hatten und jetzt plötzlich eine Einbauküche abbezahlen, für alle, die das Gefühl haben, es fehlt ein Tag zwischen Sonntag und Montag, an dem man endlich mal alles erledigen könnte …«
Joggen und nichtrauchen, Geschenke und Geschlechtsverkehr, feiern und trauern, Sachen wegschmeißen oder einfach nein sagen: Mit einem Grinsen zwischen den Zeilen erzählt Katrin Bauerfeind in ihrem bislang wirklich allerbesten Buch, was so alles schiefgeht im Leben und warum das so sein muss.

Das gesamte Programm gibt es unter www.fischerverlage.de

fi 19891 / 1

Bettina Hennig

Ich bin dann mal vegan

Glücklich und fit und nebenbei die Welt retten

272 Seiten. Klappenbroschur

Band 03104

Vegan leben? Was isst, auf was verzichtet man? Bettina Hennig wagt das Experiment und verbannt Fleisch, Fisch, Milch, Eier und Honig aus der Küche, trinkt ihre erste vegane Sojalatte und diskutiert mit ihrem Freund über den Veggieday. Sie geht zu einer Tierdemo, wühlt mit einer Freeganerin im Müll nach verwertbaren Lebensmitteln und lädt zu TV-Abenden mit Filmen wie »Nie wieder Fleisch« ein. Sie enttarnt Ernährungslügen und spricht Wahrheiten aus, die keiner hören will. Sie kontaktiert sogar Bill Clinton, der auch Veganer ist. Und: Sie verliert jeden Tag an Falten und Gewicht und gewinnt an Vitalität.

Das gesamte Programm gibt es unter
www.fischerverlage.de

fi 03066 / 1